明清卷

# 中国历史知识小丛书

# 甲申之变

ZHONGGUO LISHI ZHISHIXIAO CONGSHU 王兴亚◎著

以史为骨，以实为肌，以事为络
名家著作，还历史原貌

中国社会科学出版社

**图书在版编目（CIP）数据**

甲申之变/王兴亚著.—北京：中国社会科学出版社
2014.1修订重印

ISBN 978-7-5004-9422-5

Ⅰ.甲… Ⅱ.①王… Ⅲ.中国—古代史—研究—明清时代
Ⅳ.K248.07

中国版本图书馆CIP数据核字（2010）第255375号

---

出 版 人　赵剑英
责任编辑　田　文
责任校对　冯　伟
责任印制　王　超

---

出版发行　中国社会科学出版社
社　　址　北京鼓楼西大街甲158号（邮编100720）
网　　址　http://www.csspw.cn
　　　　　中文域名：中国社科网　010-64070619
发 行 部　010-84083685
门 市 部　010-84029450
经　　销　新华书店及其他书店

---

印刷装订　北京市兆成印刷有限责任公司
版　　次　2013年4月第2版
印　　次　2014年1月第3次印刷

---

开　　本　710×1000　1/16
印　　张　11.75
插　　页　2
字　　数　146千字
定　　价　23.00元

# 目录 CONTENTS

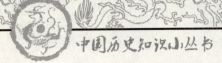

【第一章】

# 甲申之变前大动荡的政局

公元1644年的甲申年，是明崇祯十七年，又是清顺治元年，大顺永昌元年。这一年，是不平常的一年。这年春天，在中国大地上，以朱由检为首的明王朝、以爱新觉罗·福临为首的清王朝和以李自成为首的大顺三大政权，为争夺国家最高统治权展开了激烈的争夺。大清王朝据有东北，先后四次入关，得胜而归，正在寻求据有全国统治权的策略。李自成农民军在中原战场上六次击溃明军主力，入据关中，建国大顺，正以雷霆万钧之力，逼向北京。明王朝积重难返，两面作战，处于南北夹击之中，面临崩溃的边缘，可也不甘心退出历史舞台，继续倾尽全力，为挽救危局而努力。

# 一　明王朝内外交困，危在旦夕

由朱元璋建立的大明王朝，经过两百多年的努力，社会经济得到了长足发展，社会秩序相对安定，科学技术仍保持着世界前列的优势。然而在长期统治过程中，政权日趋腐败，文恬武嬉，明神宗朱翊钧即位，情况却出现了变化。一方面社会经济依然处于上升的趋势，各项改革在卓有成效地推进，政治改革举措相继出台，大力推行职官责任制，建立严格考核制度，严明赏罚，官吏依据政绩升迁；赋役改革也全面展开，在全国范围内完成了土地清丈，按照一条鞭法征收赋役；任用著名的水利专家潘季驯治理黄河，消除水患；加强边防，调抗倭名将戚继光任蓟镇总兵，防御蒙古，重用辽东总兵李成梁防御女真。时至万历十年（1582年），明王朝已完全摆脱了自英宗以来的衰势，"其时中外乂安，海内殷阜，纪纲法度，莫不修明"。有材料记载说国库的粮食充盈，足可以支用10年。援朝御倭战争胜利展示的强大国力，为世人瞩目。另一方面则是神宗的贪婪也在此时凸现出来。大理寺评事雒于仁上疏对他的行为进行了概括。说他患下"酒、色、财、气"四病，"四者之病，胶绕身心，岂药石所可治？"因此，特意献上四句箴言，希望圣上自行根治。明神宗看到此疏，勃然大怒，第二天，召见阁臣申时行等，欲将雒于仁处以极刑。后经阁臣们极力营救，才免遭一死，被削职为民。

治国理民是国君的基本职责，而明神宗对于政事的厌烦令人吃惊。临朝听政是朝廷理政的基本方式，万历十七年（1589年）元旦，发生日食，他下令停止朝贺。这是特殊情况。没想到，此后连元旦接受百官朝贺的大典也取消了。他在位48年，竟有二十多年不与臣下共商国是。他不临朝听政，不见大臣，不批答臣下奏章，致使御前奏章，堆积如山，衙署之封章，如沉大海。更为荒唐的是，政府机构包括中央机构的内阁、六部机构在内，长期缺员不补。这样就使国家机器无法正常运行。和先前历代帝王相比，神宗对金银财宝的酷好和追求，却是无有止境。这固然是因为商品经济的发展，中外经济文化交流的增长，扩大了人们的视野，市场上日益增多的商品与财富，刺激着整个社会消费，高消费成为社会上层的追求，自然也刺激着他的奢侈的欲望，再加上他贪财好货成癖，"以金钱珠玉为命脉"，因而，挥金如土，皇长子及诸王册封冠婚，用去白银934万两，袍服用费另拨270万两。仅一次采办珠宝，就耗去银子2400万两。不仅如此，他从18岁起，就开始为自己建造陵墓（定陵），规模宏大，用料讲究，地下玄宫仿九重法宫之制，明楼用预制石件构建，宝城垛口、殿堂、方城、地面等，均用花斑纹石铺砌，宝城之外，又有罗城，所用木石砖等建筑材料，均有严格标准，巨石包括青石、白石、花岗岩、汉白玉四种，大部分采自房山大石窝，小的几吨，大的几十吨，甚至上百吨，总计不下几十万块。木材楠木采自湖广、云贵和四川。最粗的直径在1.4米以上。且不说采集有多难，仅就运输而言，运一块长三丈、宽一丈、厚五尺的巨石到工地，需用民夫2万人，用时28天，耗银11万两。仅四川一地，为之采木而丧生

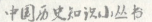

的不下10万人。整个工程下来，耗银800万两，相当于国家田赋两年的收入。开工4年，因财力枯竭，不得不暂停。为筹集经费，谕令工部滥铸钱币，规定每月铸铜钱200万枚送到工所，要求百官捐助工银。遭到拒绝后，下令开纳事例，即所谓买官，将官职明码标价出售，凡是有钱人家，不论出身、资历、学历如何，只要肯出钱，就可以买到相应的官职。

昏庸的明神宗在位48年后病死。太子朱常洛继位，是为光宗。光宗即位仅一个月，竟莫名其妙地因医疗事故而离开了人世。光宗死后，他15岁的长子朱由校在毫无准备的情况下登极称帝，是为明熹宗。熹宗不像他的祖父那样迷恋金钱，可也无心于国事。他喜爱木工，一天到晚将精力全都用在设计制造木器上。历史记载说："熹宗性善为匠，在宫中每自造房，手操斧锯凿削，引绳度术，运斤成风。施设既就，即巧匠不能及。又好油漆，凡手用器具，皆自为之。性又急躁，有所为，朝起夕即期成。成而善，喜不久而弃，弃而又成，不厌倦也。且不爱成器，不惜改毁，惟快一时之意。"在木工设计制作上，他是那样的执着、那样的认真，每当造作有所成就时，他得意忘形，忘掉膳饮，是寒是暑没有感觉。而他不是木器设计师，也不是能工巧匠，而是君临天下的君王。

熹宗把皇宫变成了木匠铺，整日叮叮当当沉溺在挥舞斧锯锛凿之中，这就给宦官权奸魏忠贤的窃权开了方便之门。魏忠贤本是一无赖少年，整天鬼混在赌场上，因欠下赌债无力偿还，自阉入宫，在宫中以结交明熹宗的乳母客氏而飞黄腾达。熹宗当上皇帝后，对这位乳母恭敬关心有加，封客氏为奉圣夫人，客氏的儿子侯国兴、弟客光先以及魏忠贤的哥哥魏钊都当上了锦衣卫千户，成了皇帝身边的要人。魏忠贤本不识字，因客氏的关系竟被委任司礼监秉笔太监兼提督宝和三店。客氏其人淫而狠毒。魏忠贤斗大字不识，但其人也非平庸之辈，记载说他"颇强记，猜忍阴毒，好谀"。他的记忆力好，阴毒，善于奉迎，成为他的资本和看家本领。而他正是借助自己的个性特点，见风使舵，与客氏联手，一唱一和，逐渐取得了熹宗的信任。他利用熹宗喜好制作木器的特点，每当熹宗制作在兴头上的时候，前去奏事，熹宗不愿受到干扰，往往说："朕已悉矣，汝辈好为之。"这样，就等于把处理国事的大权，交给了魏忠贤。

魏忠贤的这种行径，自然引起朝中正直士人的不满，抨击客氏和魏忠贤的，也不乏其人。只是由于朝廷的袒护，都没有结果。他为了巩固和扩大已经到手的权力，交结朋党，上自内阁、六部，下至地方总督、巡抚，遍置死党。宦官有王体乾、李栩钦、王朝辅、孙进、王国泰、梁栋等三十余人；文官有崔呈秀、田吉、吴淳夫、李夔龙、倪文焕主谋议，号"五虎"；武将有田尔耕、许显纯、孙云鹤、杨褒、崔应元主杀戮，号"五彪"；吏部尚书周应秋、太仆少卿曹钦程等号"十狗"，还有"十孩儿"、"四十孙"之号。他与学士顾秉谦等人勾结，狼狈为奸，把持朝政，陷害忠良，顺我者昌，逆我者亡，以莫须有的罪名，罢免了吏部尚书赵南星，左都御史高攀龙，吏部侍郎陈于廷，佥都御史左光斗等数十人；又捏造罪名逮捕了杨涟、左光斗、周朝瑞、魏大中、袁化中、顾大章六人，将他们严刑拷打致其惨死于狱中。举朝官员慑服于魏忠贤的淫威，甘当他的爪牙义子亦不以为耻，并且到处为魏忠贤建造生祠，瞻仰祭拜。这样就使朝政更加败坏。多亏时间不算太长，天启七年（1627年）八月，明熹宗病死于乾清宫，年仅23岁。熹宗无子，遗诏以皇五弟信王朱由检嗣位，改元崇祯。人们又称他为崇祯帝。

崇祯帝17岁登极，对于现状也颇有感慨，很想有一番作为。即位后，他大刀阔斧处理了专权乱政的魏忠贤及其同党，为受其迫害的文武官员平反；起用干练人才，在辽东为抵御后金立了大功的袁崇焕被提升为兵部尚书，具有先进爱国思想的徐光启被任命为内阁大学士，参与机务。他勤于政务，努力提高办事效率，不时召集廷臣议政。短期内政局好转，给世人带来希望，特别是这位年轻有为的新君，接受父兄教训，不受小人蛊惑，也颇令人感动。但是，他所面临的局面是极其严峻的。

内政腐败，贪污成风，贿赂公行。朝廷的治国安邦是通过系统权力实施

的，官吏是朝廷政令的实施者。德才兼备历来是官吏选任的基本条件，只有这样，才能确保朝廷各项政令的贯彻执行。明朝末年，政治败坏，用崇祯年间陕西三边总督杨鹤的话来说："邪人当路，贿赂公行，几于不成世界。"社会评价观念出现扭曲变化，官吏催科严者为卓异，督责严者为循良。官吏的选拔任用以金钱之多寡为归宿。权钱交易渗透在官吏选拔任用的每一个环节。人们把入仕为官作为谋利的手段。时人钱𬭚曾说："进人不必忠良，誉人必张朋党。政以贿成，爵以贿买。"身为辅臣的周延儒利用职权，大开贿赂之门，买官卖官发展成为明码标价。一位监司用5000两银子贿买个边抚，后来担心钱少，又增加了2000两，结果果然如愿以偿。又有一个部郎官，想谋得个浙海道，人们说得花5000两银子，也有说用不了这么多，只要3000两就可以了。于是他先交上一半，结果弄了个府官。比如，在礼部谋得个办事员曹官须花2000两，若是兵部衙门的曹官则须花上3000两银子。馆选也为金钱所左右。正卷副卷的成绩评定，不是以内容优劣为准绳，而是以银数之多寡为低昂。因此，每遇新科馆选之日，京城金银业的生意就火爆起来。崇祯帝曾对内臣说：新进士馆选，将城内金子都换尽了。买官成为一种投资。一旦买来个官职，就必然地要将支付出去的金钱捞回，而且要成十倍百倍的捞回。吏科给事中韩一良在召对时曾对文官爱钱之风的形成与膨胀有过陈述。他说："彼原以钱进，安得不以钱偿。臣闻一个督抚，非五六千金不可得，以至州县并佐贰之求缺，各有定价。"因此，行贿受赂，成为习以为常的风气。贿赂的规格也日益提高，先是送白银，继之送黄金，再送是珍珠。政治败坏使得朝廷政令废弛，成为具文，官吏以官爵为性命，以钻刺为风俗，以贿赂来交际，以嘱托为当然，他们布满州县，为所欲为，天下岂能长治而久安？

军事系统败坏，军心思变。明代军队管理制度完善。京营与地方部队都有固定的编制。凡是死亡逃跑以及年老退役造成的缺员，都要依照规定及时予以增补，军饷按在册人员如数发给，这是保持军队稳定、增强战斗力的有效措施。明朝末年政权败坏，导致军政败坏，武官选授与升迁不是依据本人的军事才能，而是依据行贿钱数的多寡，将领不以领兵练兵提高军兵的战斗力为己任，而是在肥大自己腰包上打主意。明末无论是京营军兵，还是边兵，逃亡极为普遍。崇祯十五年（1642年）孙承泽曾说："近来逃亡缺伍，不知其数。"由于军饷是按照在册人数发放的，各地将官无不在空额上打主意，员缺不予增补，军队被吃空额、挂名、老弱充数掏空。明总兵吴襄曾说，关宁兵在册为8万人，实际上只有3万人，真正能够用来打仗的只有3000人。京营是国家军队的主力，是守卫京师的主要力量。按照核实在册的京营人数不下十余万，实际上登城守御的军兵不到5万人，也就是说半数都是虚额，而其中能够用来作战的战兵，实际人数到底有多少，就很难说了。另外，军兵生活没有基本保证。军兵生活靠的是军饷。明末一方面由于国家财政困难，不能保证军饷供给，从万历三十八年（1610年）到天启七年（1627年），延绥欠饷1154148两，宁夏欠饷210790两，甘肃欠饷752555两，固原欠饷327725两，四镇共欠2445218两。临巩的边饷缺至五六年。至崇祯二年（1629年），延绥、宁夏、固原三镇缺饷已达36个月之久。另一方面是军饷下发，雁过拔毛，武官到京请拨军饷，有三成的回扣。就是说请拨饷银一万两，就要扣下3000两给办事衙门或官员。领回下发，将领们暗箱操作，层层克扣，有禁不止，正如崇祯十四年（1641年）山西巡按御史陈纯德所说："伍虚而饷仍在，不归主帅，则归偏裨。且乐其逃，而利其饷。武弁扣克既熟，则凡可以营谋转升，皆是物也。精神不用于约束，而用以扣饷；厚饱不用以养兵，而用以营升。伍虚则无人，又安言练？饷糜则愈缺，而安望其裕？而此两穷之道也。"因而，士兵缺饷成为严重而又普遍的问题。有的缺饷几个月、十几个月甚至更长的时间，领不到军饷。在明末灾荒连年、粮价暴涨的情况下，士兵无饷供给，无法继续生存，宣大总督卢象升在巡视山西边防时说："每点一兵，有单衣者，有少鞋袜者，有无裤者。臣见之不觉潸然泪下。"为了保全身家性命，从典衣卖箭到鬻子卖孙，从沿街乞食讨饭至离开军营潜逃，从发牢骚倾泻不满到铤而走险，举行兵变，砍死砍伤上司，烧毁官府的衙署和房舍之事，接连不断。崇祯元年（1628年）七月，辽东宁远兵缺饷哗变，捉拿巡抚辽东毕自肃和宁远总兵朱梅，棰击交下，毕自肃自杀身亡。二年（1629年）三月，蓟州（今河北蓟县）军卒哗变，围攻巡抚王应豸。三年（1630年）正月，甘肃勤王兵在安定举行兵变，杀死参将孙怀忠。四年（1631年）十一月，援辽兵在吴桥以缺饷哗变。七年（1634年），西宁军卒哗变，兵备孔闻都自杀。八年（1635年）、樊城军卒哗变，放火烧死了总兵邓玘。九年（1636年），宁夏兵哗变，杀死巡抚王揖。十四年（1641年）正月，总兵王绍禹部在洛阳哗变，迎农民军入城。十五年（1642年）十一月，安庆军卒哗变，杀死都指挥徐良宽。十七年（1644年）正月，昌平兵变，焚劫官府。兵变从边防到内地，再到京畿，表明军队与政府之间的矛盾也在激化，军心思变，军队已乱。

入不敷出的财政危机，也因战争规模持续扩大，军费空前急剧增长而无法补救。有统计材料揭示，明代兵饷，正统年间仅有数万，万历时增为300万，崇祯初年已达2000余万。据崇祯二年（1629年）边镇钱粮数目所载，延绥镇原额饷银10万两，今现支又增至433700余两；宁夏镇原额饱银4万两，今现支又增至133700余两；甘肃镇原额饷银6万两，今现支又增至197500余两；固原镇原额饷银48870万两，今现支又增至145823余两。日益严重的财政困难，驱使明王朝在田赋征收上打主意。那就是用不断增加征收税额的办法来填补财政上的亏空。从万历四十六年（1618年）开始加征军饷，每亩3厘5毫，第二年再加3厘5毫，第三年复加2厘，前后三次，共9厘，增征田赋52万两，成为固定的税额。可是到了崇祯三年（1630年），9厘之外再加3厘，每亩一分二厘，共计685万余两，统称辽饷。崇祯十年（1637年），每亩加征六合，每石折银八钱，增征田赋248万两，称为剿饷。十二年（1639年），又加征730万余两，称为练饷。辽饷、剿饷、练饷，合起来叫"三饷"，每年定额至2000余万两。如此加派，百姓何以承受？不仅如此，还有临时索取的杂征，杂征之外有加派。辅臣蒋德璟曾说：今既有旧饷，复增新饷练饷，括尽民间金钱，已不堪命。在北直、河南、山东召买米豆90余万两，而民间当费数百万之多，加上一切车辆骡驴及衙役杂费，赔累困苦，不堪言状。他一针见血地指出："加派之害，莫若召买。"兵部尚书梁廷栋也说："一岁之中，阴为加派者，不知其数。如朝觐考满、行取推升，少者费五六千金。合海内计之，国家选一番守令，天下加派数百万。"田赋一增再增，使得农民难以承受，直接影响到农业生产的进行，造成农村人口大量向外逃亡，土地因无人耕作而荒芜。地方官吏为了保证田赋的征收，无不采用高压政策，进行逼取，还将逃户的税额分摊给没有逃亡的入户完纳。在陕西一户只有一二人，势必令此一二人而赔一户之钱粮；一里只有一二户，势必令一二户而赔一里之钱粮。等而上之，一里一县无不皆然。在山东，十分之民，即去其八九，则以一二分之人，纳十分之差徭；十分之地，既荒其八九，则以一二分之地，纳十分之粮税。虽必不能完，然追呼棰楚，固以十分求之矣。

工商业税的征收也是同样。明神宗在位时，就开始加重这方面的征收。山东临清，万历十一年（1583年）前，商税定额为二三万两，之后，一增再增，30年间，增加了五至七倍。北京崇文门万历三十二年（1604年）商税税银1.4万两，天启元年（1621年）改为8.4万两，18年增加了六倍。征税范围也日渐扩大，凡是进入市场上的各种货物，包括米盐鸡豕在内，无一物不税。稍有违抗，即视为抗税行为，即被扭送官府治罪，轻则罚付银两，或没收其经营货物，甚至遭到严刑拷打，性命难保。崇祯即位后，先是关税每两增加一钱，三年（1630年）再增加为二钱，八年（1635年），加征房捐（间架税），九年（1636年），又增商税税额，十三年（1640年），加征关税20万两，商民不堪重负，怨声载道。由于军需需要，取办于所经历地方，名曰借办，官府对城镇商民进行逼取，致使"城市空虚，了遗尽绝"。

税收名目繁多，正项之外有加派，加派中又有中央加派、地方加派，还有私派，究竟有多少名目，很难细说清楚。非但因地而异，又因人而异，税出多门，没完没了。有材料记载，此时山东禹城各种征收项目多达26种。户部征收的有夏税、秋粮、马草、盐钞、民兵、九厘宗禄、花绒、铺垫。礼部征收的

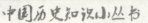

有光禄寺细粟米。兵部征收的有京班、皂隶、柴薪、滴珠以及太仆寺马价、种马、草料。工部征收的有收料价、砖料、木柴、苎麻、胖衣、柴夫各色银两。除此之外，还有狐狸皮、角弓、水胶、苍术等。禹城如此，其他地方也就可想而知了。

天灾流行对挣扎在死亡线上的贫苦农民而言无疑是火上浇油。有研究成果表明，在明代的中后期，东亚大陆适逢称为"小冰河"的自然灾变周期，从中国到朝鲜普遍受灾，不仅灾荒次数频繁，范围广，而且持续时间长。《明史·五行志》对崇祯年间的灾荒有概括的记述：

崇祯元年，陕西饥，延、巩民相聚为盗。二年，山西、陕西饥。五年，淮、扬诸府饥，流殍载道。六年，陕西、山西大饥。淮、扬游饥，有夫妻雉经于树及投河者。盐城教官王明佐至自缢于官署。七年，京师饥，御史龚廷献绘《饥民图》以进。太原大饥，人相食。九年，南阳大饥，有母烹其女者。江西亦饥。十年，浙江大饥，父子、兄弟、夫妻相食。十二年，两畿、山东、山西、陕西、江西饥。河南大饥，人相食，卢氏、嵩、伊阳三县尤甚。十三年，京畿、山东、河南、陕西、山西、浙江、三吴皆饥。自淮而北至畿南，树皮食尽，发瘗胔以食。十四年，南畿饥。金坛民于延庆寺近山见人云，此地深入尺馀，其土可食。如言取之，淘磨为粉粥而食，取者日众。又长山十里亦出土，堪食，其色青白类伏苓。又石子涧土黄赤，状如猪肝，俗呼"观音粉"，食之多腹痛陨坠，卒枕藉以死。是岁，畿南、山东洊饥。德州斗米千钱，父子相食，行人断绝，大盗滋矣。

可见，此时的灾荒，不是出现在一时一地，而是全国性的、连续性的。就地域来看，陕西、河南尤甚。诚然，灾荒源于天变，是自然界气候变化所致，但人为因素也是不可忽视的。灾荒给人们带来的灾难是沉重的，而灾荒之年人为的横征暴敛给人们带来的灾难更使人不堪容忍。崇祯七年（1634年），明兵部尚书吕维祺依据所见河南灾荒之年官府征派饷银的情景，上疏给崇祯皇帝，说道："盖数年来，臣乡无岁不苦荒，无月不苦兵，无日不苦挽输。庚午（崇祯三年）旱；辛未，旱；壬申，大旱。野无青草，十室九空。于是有斗米千钱者；有采草根木叶充饥者；有夫弃其妻、父弃其子者；有自缢空林、甘填沟壑者；有鹑衣菜色而行乞者；有泥门担簦而逃者；有骨肉相残食者。兼以流寇之所焚杀，土寇之所劫掠，而且有矿徒之煽乱，而且又有防河之警扰，而且尽追数年之旧逋，而且先编三分之预征，而且连索久逋额外抛荒之补禄，村无吠犬，尚敲催征之门；树有啼鹃，尽洒鞭扑之血。黄埃赤地，乡乡几断人烟；白骨青磷，夜夜似闻鬼哭。欲使穷民之不化为盗，不可得也；欲使奸民之不望贼而附，不可得也；欲使富之不率而贫，良之不率而奸，不可得也。"

天灾引发人祸，饥民逃向四方，辗转求食，渴望从政府那里得到救济，讨个活命。多少年来，人们看到每当一个地方发生灾荒，政府拿出库存粮食实施救助，带领灾民展开自救，就会减轻灾荒带来的压力，赢得民众的赞扬，动乱就得以平息，社会就会稳定下来。此时陕西、河南一带出现百年未有的特大灾荒，明政府没有实施大规模的社会救济，每天都有大批民众为饥饿夺去生命，而地方官吏还在严刑催逼粮饷。官逼民反，饥民揭竿而起，饥兵铤而走险，饥民与饥兵逐渐汇成强大的洪流，建筑在这个根基上的明朝大厦的倾覆为期不远了。

# 二 大顺据有中原，建国西安

农民问题是明朝末年最为严重的社会问题。农民无法继续生活下去，四处游荡觅食求生，暴动抢掠此起彼伏。

天启二年（1622年），山东徐鸿儒率众起义，自号中兴福烈皇帝。改年号为大元年。在山东东部攻城夺地，切断了运河漕运。经过半年的浴血奋战，虽然被平息下去，但农民的生活条件并未得到任何改善，因此他们继续以各种形式进行反抗活动。

崇祯元年（1628年），陕北饥荒严重。白水县农民王二揭竿而起，杀死了横征暴敛的澄城知县张斗耀；接着，打开了宜君县监狱，放出关在狱中的囚徒。这年冬天，府谷县边兵出身的王嘉胤起义，延安有潘十万起义，安塞有高迎祥起义，洛川有不沾泥张存孟起义，宜川有王子顺起义，延川有王和尚起义，安定有苗登雾起义，陕南有王大梁起义，阶州有周大旺起义，庆阳有韩昌宰起义。农民起义的火焰，由陕北逐渐向陕西、河南等地蔓延。后来成为明末农民大起义领袖的李自成与张献忠也相继于陕北揭竿而起。

张献忠字秉吾，号敬轩，施肤县（今陕西延安）柳树涧人。世隶军籍。曾在官府中做捕快，被革职，又当边兵，差点被判死罪。崇祯三年（1630年）四月，张献忠率米脂十八寨起事，绰号八大王，自称西营八大王。

李自成是米脂县人，出生于贫苦农民家庭，从小为地主家放羊，后为驿卒。明政府裁减驿卒使他失去了生活来源，又遭乡绅诬陷，被关进大牢，惨遭虐待，深得民众同情，崇祯三年（1630年）在米脂县起义。先投靠不沾泥张存孟的起义军，当了队长。张存孟接受招抚后，他投奔闯王高迎祥，自成一军，号闯将。

这些铤而走险的饥民，原只是为了求食，谋求个活路，兵科给事中刘懋在给朝廷的报告中曾说："秦寇即延庆之兵丁土寇也，边贼倚土寇为乡导，土寇倚边贼为羽翼。六七年来，韩、蒲被掠，赋数不多，愚民影附，流劫泾、原、富耀之间，贼势始大。"说明不论饥兵也好，饥民也好，之所以起来造反，原因就是无法继续活下去。若是政府采取有效措施，开展救济，帮助饥民渡过难关，骚乱是完全可以平息下去的。然而，居于权力顶端的崇祯帝，不愿意将钱花在灾荒救济上，而要将钱用在增兵上，他要采取暴力手段，将这些起义者镇压下去，以显示他的力量和尊严。此时，明朝军队人数众多，力量强大，起义军力量弱小，起义者到处流动，以速取胜，时分时合，或东或西，飘忽不定，望屋而食，往来无停止，未尝攻城略地，建立巢穴，所以称为流贼。崇祯帝感到这是一种威胁，于是加强军事镇压，任命洪承畴总督陕西三边，陈奇瑜总督陕西、山西、河南、湖广、四川五省军务，东西夹击起义军。面对明军的大举围剿，许多起义农民遭到屠杀，而留下来的起义者，日渐走上联合斗争的道路。在王自用的领导下，他们由几十人、几百人、几千人为群，到形成三十六营，到形成张献忠、高迎祥、老回回、革里眼、左金王、改世王、射塌天、横天王、混十万、过天星、九条龙、顺天王等十三家七十二营的农民起义力量，同明王朝展开了艰苦卓绝的斗争。他们在斗争中成长，完成了由独立分散作战走上联合作战，由战略防御到战略进攻的转变。

崇祯八年（1635年）正月，高迎祥、八大王张献忠东下，出其不意，从河南进入安徽，攻下明朝中都凤阳。凤阳是朱元璋的出生地，有朱元璋父亲的墓地，有六千驻军防守。农民军进入凤阳后，杀死了与农民军为敌的凤阳留守朱国相，放火焚烧了明皇陵的享殿，并且动手挖掘皇帝的祖坟。关押在这里的明宗室囚犯也被释放出来。农民军在战旗上大书"古元真龙皇帝"，在举国上下引起了强烈震动。崇祯帝闻知，惊骇不已，素服哭告太庙，下诏罪己，虽说是官样文章，可也毕竟是在"罪己"，在国人面前承认自己的过失。这一辉煌战绩，反映了明末农民起义的实力有了显著增长，不仅具有一定的防御力量，而且将矛头直接指向明朝皇帝，能够主动展开军事进攻，夺取具有重大政治意义的城市。

崇祯九年（1636年）闯王高迎祥率部进入陕西，在周至（今陕西周至）遇到陕西巡抚孙传庭的埋伏，伤亡惨重，高迎祥也被俘遇害，其部众"共推李自成为闯王"。

崇祯十年（1637年），明王朝任用杨嗣昌为兵部尚书。他是宣大总督杨鹤的儿子，就任后，针对当时国内战争形势，抛出了四正六隅十面网的围剿计划，增兵12万，以陕西、河南、湖广、江北为四正，四巡抚分剿而专防，以剿为主，以防为辅；以延绥、山西、山东、江南、江西、四川为六隅，六巡抚分防而协剿，即以堵截为主，必要时也参加协剿，合起来称为十面网。以陕西三边总督统率的边兵与中原地区五省军务总理所辖的机动兵力为主力，进行追剿，扬言要在十二月、正月、二月三个月内消灭农民军。气焰十分嚣张。

在明王朝十多万大军的围追堵截下，分散在各地的农民起义军处境十分艰险，相继遭到镇压。特别是崇祯十一年（1638年）四月，伴随着张献忠在谷城伪降，处于严重困难时期的各支农民军也纷纷接受明王朝的投降条件，放下了武器。但明王朝并没有实现自己的许诺，放下武器的农民仍然处在饥饿死亡线上，甚至无故遭到血腥屠杀。李自成被困在鱼腹山中，他拒绝投降，继续高举战旗，与明军周旋。崇祯帝错误地估计了国内形势，以为农民起义势力就此会销声匿迹，因而放松了防范。

崇祯十二年（1639年）五月，张献忠谷城再起，杀死了谷城县令阮之钿，接着罗汝才等也重新举起了义旗，先前投降了的各支农民军，这时也再次举起了义旗，崇祯帝大为震惊。

这年八月，崇祯帝起用杨嗣昌为督师辅臣，调集20万大军，全力扑向以张献忠为首的农民军。杨嗣昌亲自坐镇襄阳指挥。张献忠顽强拼搏，虽付出了巨大的代价，却给予了杨嗣昌以沉重打击。

崇祯十三年（1640年），是灾荒最为严重的一年。历史记载说："是时两京、河南、山东、山西、陕西、浙江大旱蝗，至冬大饥，人相食。"河南到处都是流亡的饥民，暴动的饥民遍布黄河两岸以及豫南各地。被困的李自成也度过了艰难的岁月，冲出明军的层层包围，从郧阳进入饥荒最为严重的河南，这支不到千人的队伍得到了河南民众的支持。李自成军如同火种，顿成燎原之势，连破宜阳、永宁、偃师等县，迅速发展成为十余万的起义大军。

李自成从小虽然也读过几年书，但军中识字不多，自从起事以来，虽然有不少人相继参加自己的队伍，但识字的人却是很少。在这起义高潮到来之际，一些失意的士人相继被逼上了梁山，加入了起义队伍，以自己的知识和才能积极为李自成出谋划策。

河内县（今河南博爱）秀才李信（字岩）加入农民军，格外受到敬重。李岩的父亲李春茂，以教书传拳为生。李岩兄弟四人。三叔春玉，号精白，在杞县开粮行，无子，遂将李岩过继给李春玉。李岩能文能武，练就一身好武艺，二哥李仲是拳师，他的姑表兄弟陈王庭也是拳师，三人共同创立了太极拳。由于陈王庭在考校上遭到不公正的待遇，三兄弟一起殴打考官，遭到官府缉拿。此时经堂弟李牟的动员引见，投奔了李自成。李岩向李自成提出三项建议：一是取天下以人心为本，请勿杀人以收天下心；二是每攻下城市，把获得的钱米赈济饥民，以笼络人心；三是针对明末三饷加派，提出"迎闯王，不纳粮"的口号，编成歌谣，教儿童唱传。这些建议，为李自成所采纳。在李自成所到地区，分到粮食的贫苦群众弄不清李岩和李自成的区别，于是高喊"李公子活我"。一时间，人们认为李岩就是李自成。饱受苦难的民众因此被动员起来，纷纷倒向农民军一边。

宝丰举人牛金星，与祥符进士王士俊为儿女亲家。后王女去世。牛金星在一次酒后张扬了亲家王家的闺门之丑，引起王士俊的恼火，遂吃了官司，被关进大牢，取消了举人资格，拟处死刑，后改判，发配到卢氏县服役，此时李自成军来到，便主动投奔李自成军中。牛金星建议李自成"禁淫杀，据中原，收人心"。又"倡言大军所至，百姓给复一年"，也就是在新占领区内免除老百姓一年的徭役。他还建议李自成将"杀一人如杀我父，淫一人如淫我母"作为军队纪律，因而，深得李自成的信任，成为最重要的谋士。

永城宋献策是一位术士，精通六壬、奇门遁法、图谶术数，善占验。在那动乱的年代，他云游各地，为人算命，饱尝人间的辛酸，心怀积愤，听说李自成来到，便去见李自成，并向他进献"十八子，主神器"的谶言。并给予新的解释，十八子合起来就是一个"李"字，这句话的意思就是姓李的应当做皇帝。于是，为李自成器重，用为军师。

随着这三位的加入与谋划，这支起义队伍开始确立据中原、取天下的斗争目标，建立起军队管理制度，从而走上了夺取政权的轨道。

崇祯十四年（1641年）正月的洛阳战役，是明末农民起义的转折点。洛阳是著名的古都，是明神宗第三子福王朱常洵的封地。福王是明神宗宠爱的郑贵妃所生，子以母贵，明神宗一度有过立福王为太子的打算，由于这一做法不符合长子继承制的习惯，遭到大臣们的坚决反对。经过激烈争论，皇长子朱常洛才勉强被立为太子。明神宗似乎感到爱子福王吃了亏，拼命地给予经济上补偿，于是福王富甲天下。他在就藩洛阳时，明神宗还下诏赐给福王庄田400万亩，因大臣们反对，减少到200万亩。他不满足，便向父皇乞求赐给张居正的家产，江都至太平沿江荻州杂税，以及四川盐井茶税全都归他所有。按照明政府的食盐专卖政策，洛阳是河东食盐的销地，所得收入作为边兵军饷。福王看到食盐专卖有利可图，便请求自己开设盐店，进行淮盐专卖，强令洛阳附近居民都到他的盐店买盐，这样就必然使陷于危机中的国家财政更加困难。

李自成农民军在占据了洛阳外围州县后，兵临洛阳。城内负责防守的是河南分守道王承胤，调来了总兵王绍禹与副总兵刘见义、罗泰。福王虽然富甲天下，却十分吝啬残忍，宁可让仓库中的存粮烂掉也不肯拿出来救民。王绍禹一向克扣军兵的粮饷，为士兵所愤恨。二十日，开始攻打洛阳。战斗持续了一整天，士兵们不愿饿着肚子来卖命。夜半，王绍禹部的士兵哗变，将刀子架在王承胤的脖子上，打开城门迎接农民军。福王乘乱出逃，躲在迎恩寺里，被活捉，见到李自成就跪在地上，乞求活命。李自成历数他的罪行，斥责他身为亲王，富甲天下，当如此饥荒，不肯发分毫帑藏，赈济百姓，是个奴才。当众将他处死，把他的尸体剁成肉泥、杂以鹿肉下酒，称"福禄酒"，以解心头之恨。福王的这一下场，可谓是罪有应得。李自成在洛阳，"发府谷及藩邸巨室米数万石、金钱数十万赈饥民"。远近饥民荷旗而往应之者如流水，日夜不绝，于是发展成为一支众逾百万的大军，成为明末农民大起义的主力。此时在战斗中成长起来的曹操罗汝才、老回回马守应、革里眼贺一龙、左金王贺锦、争世王刘希亮、乱世王蔺养成、小袁营袁时中等支农民军也都纷纷与李自成结成联盟，农民军军威大震。

二月，张献忠出其不意以奇袭的手段，攻克了襄阳。襄阳是湖北西部重镇，是明襄王的封地。张献忠攻克襄阳，擒获襄王朱翊铭，向他敬酒，说："我欲斩杨嗣昌头，而嗣昌远在川，今当借王头，使嗣昌以陷伏法。"遂斩襄王朱翊铭，投尸火中。并没收王府的财产，发银十五万两赈济饥民，在国内引起巨大的震撼。督师杨嗣昌在夷陵闻此，惊恐万分，上疏请死。朝廷官员也纷纷上疏指责他罪大恶极，他自感死罪难逃，便服药自尽。这是继洛阳战役之后农民军取得的又一重大胜利，标志着明末农民起义军已经进入胜利发展的历史阶段。

崇祯帝为杨嗣昌的自杀感到悲痛。仇恨驱使他进一步加大镇压力度，起用陕西三边总督丁启睿为兵部尚书，改称督师，让他总督陕西、湖广、河南、四川、山西及大江南北诸军，仍兼陕西三边总督，照例赐给上方宝剑和督师印。丁启睿出身进士，初为文职官，崇祯十一年（1638年）任陕西巡抚。两年后，由督师杨嗣昌极力举荐擢任兵部右侍郎兼右佥都御史，代郑崇俭总督陕西三边军务。丁启睿奉命率师东出潼关。得知李自成正在围攻开封，因其军势强盛，不敢前往救援。崇祯帝无奈，从监狱中释放原兵部尚书傅宗龙为陕西三边总督，专责领兵镇压李自成，又叫保定总督杨文岳率总兵虎大威等两万人配合行动。

傅宗龙是一位有丰富的阅历和作战经验的将领。他曾在贵州平定了安邦彦之乱，威名大震。这时接到新的任命，率领四川、陕西兵两万出关。陕西巡抚汪乔年为他送别，二人百感交集，热泪盈眶。九月，他与保定总督杨文岳在河南新蔡会师。李自成将主力部队埋伏在新蔡通往项城的交通要道上的孟家庄，在洪河上游架设浮桥，佯装进击汝宁。傅宗龙命令全军追击，行至孟家庄，陷入农民军的埋伏之中，就在兵士解甲觅食充饥的时候，埋伏在这里的农民军将士，杀上阵来，喊声震天，官兵不知所措，仓促应战，贺人龙、虎大威、杨文岳只顾逃命，傅宗龙在项城为农民军追及被俘杀死。崇祯帝闻知后念其对皇帝尽力尽忠，下令恢复他兵部尚书职务加太子少保，给予厚葬安置。

崇祯十五年（1642年）正月，李自成组织50万大军围攻开封。开封飞章告急。崇祯帝重新起用在狱中关了3年的孙传庭为兵部左侍郎，在文华殿召见，询问剿贼安民之策。孙传庭终于得到了向圣上倾诉自己韬略的机会。崇祯帝赞赏他的用兵见解，嗟叹良久。当即命他统率禁旅驰援开封，又命新任三边总督、兵部右侍郎汪乔年率部前往。

汪乔年原是陕西巡抚，奉诏挖了李自成祖坟受到崇祯的青睐。左良玉偷袭农民军的军需基地，李自成遂解开封之围，引兵围困郾城的左良玉，持续攻打了11个昼夜，使得左良玉精疲力竭。值此，汪乔年率固原总兵郑嘉栋，临洮总兵牛成虎、援剿总兵贺人龙三部3万人马东进，到达洛阳，欲进抵襄城，截断李自成后方辎重，逼李自成解郾城之围。汪乔年来到襄城之后，自己驻扎在襄城城西，将军队部署在襄城城东。正在他为眼前的胜利而弹冠相庆时，突然，李自成率部赶到，四面环攻，打得他晕头转向，总兵贺人龙、郑嘉栋和牛成虎还未接火，就掉头逃跑，左良玉也不派兵来援。汪乔年仅率步卒千人守城，寡不敌众，兵败城陷，被农民军割舌寸磔而死。

　　四月，李自成与罗汝才三打开封，采取围城打援的办法。罗部称"曹营"，李部称"老府"，对开封实行长期围困。为了使左良玉部效命，崇祯特地从监狱里释放了对左良玉有恩的前户部尚书侯恂，以兵部右侍郎率河南、河北、山东、湖广诸路援军援救开封，令督师丁启睿、总督杨文岳、总兵左良玉等速增援开封，令孙传庭率边军出关赴援。督师丁启睿在观望形势，按兵不动。崇祯帝严旨丁启睿率左良玉、虎大威、杨德政拔营进兵，十余万大军来到开封西南的朱仙镇。两军对垒，明军不敢行动。左良玉发现李自成部队构筑工事对准自己阵地炮击，急忙拔营退走，狂奔八十里，正遇上农民军先前挖好的深一丈六的壕沟，弃马过沟，遭到农民军的追杀，左军大败。左良玉仅以身免，逃至襄阳。丁启睿、杨文岳、虎大威等放弃汝宁，匆忙撤退，农民军追击四百里，俘获明军数万，丁启睿的敕书、督师印、尚方宝剑一并丢失。朱仙镇之役，明军用于中原战场的精锐部队丧失殆尽。丁启睿论罪系狱，总兵杨德政以不战而退走之罪被杀。

　　朱仙镇之败并没有使崇祯帝冷静下来，他一心想的尽是如何将李自成等农民军全部消灭，而且越快越好。这时，增援开封的侯恂上书向他提出了警告。他说："寇患积十二年而始大，非可一朝图也。"建议重新组合，实行左右夹击。这一直言不讳的告诫，没有引起朝廷的注意。崇祯命令左良玉领兵来会，侯恂与孙传庭左右夹击李自成。然而，左良玉新败，不可能在短期内完成重新组合。侯恂不久被弹劾去职，会师夹击之计划，成为泡影。

　　五月，崇祯帝命陕督孙传庭东出河南。九月，孙传庭率领总兵高杰、左襄、白广恩、郑嘉栋、牛成虎等越过太行山，渡河而南，出发前，将临阵先逃的总兵贺人龙就地正法。十月初到达郏县，兵分四路，在此设下三道防线。李自成将部队埋伏在冢头，采取诱敌深入的策略，且战且退，退至冢头，李自成命令部队将甲仗、军资弃于地上，以诱明军。明军见地上都是财物，喜出望外，纷纷下马拾取，值此，伏兵突起，前后夹击，官军惨败，副将、参将大小将官78人全被毙命，所得马匹军资比先前丢弃的多上一倍还多。

这年冬，国内战局紧迫。清军的大举入犯，明朝宣布京师戒严，如何阻止清军进犯，刻不容缓。李自成乘明军北调向北京聚结之机，·联合"左革五营"，即左金王贺锦、革里眼贺一龙、老回回马守应、乱世王蔺养成、争世王刘希尧，分兵进军汝宁。总督杨文岳纠合兵力进行阻击。李自成指挥部队展开猛烈进攻，双方相持一昼夜，农民军攻而不息，终于于第二天夜里一鼓攻下汝宁，明总兵虎大威被击毙，总督杨文岳和崇王朱由樻被活捉。李自成将杨缚至城南三里店用大炮击杀之，崇王朱由樻则留在军中。

在河南战场上连续五次会战，明军丧师折将，丧失了主力，大伤了元气，而李自成农民军则蒸蒸日上，壮大了队伍，赢得了民心，赢得了主动。李自成率部经南阳南下，十二月三日，农民军在白马滩抢渡汉江，以猛烈的炮火，夺取了襄阳重镇，接着，乘胜前进，夺取荆州，进而攻打献陵。献陵是嘉靖皇帝父亲兴献王朱佑杬的墓地，位于钟祥县北的纯德山。明巡抚李振声、总兵钱中选战败投降。崇祯十六年（1643年）正月二日，攻克了承天（今湖北钟祥），承天府知府王玑开城迎降。湖广巡按宋一鹤被杀。十三日，李自成亲临黄州（今湖北黄冈），宣布三年免征，一民不杀，同时发布了剿兵安民的檄文。檄文中说：

为剿兵安民事。明朝昏主不仁，宠宦官，重科第，贪税敛，重刑罚，不能救民水火。日罄师旅，掳掠民财，奸人妻女，吸随剥肤。本营十世务农，急兴仁义之师，拯民涂炭。今定承天、德安，亲临黄州，遣牌知会士民，勿得惊惶，各安生理。各营有擅杀良民者，全队皆斩。尔民有抱胜长鸣，迎我王师者，立加重用。其余勿戎服，玉石难分。此檄。

此檄斥责明朝皇帝朱由检是个昏主，历数其不仁的罪行，告诉人们他不能救民水火，庄严宣布农民军的主张是剿兵安民，号召民众起来支持农民军。文字通俗明白，富有感染力。在各地民众的响应与支持下，不到两个月时间，李自成军队席卷湖广荆、襄六府州县，所至望风披靡。与河南黄河以南五府七十多个州县连成一片。于是，李自成着手组建中央政府。

二月五日，李自成回到襄阳，营建营房，名叫倡义府，被部下推举为"奉天倡义文武大元帅"，改襄阳府为襄京，组建中央机构。官制由牛金星制定。文官设上相、左辅、右弼、六政府侍郎、郎中、从事等官，以张国绅为上相，牛金星为左辅，来仪为右弼。建立军制，设立标、前、后、左、右五营。其中标营领兵百队，其他四营各领30队。步兵每队百人，骑兵每队50人。由田见秀、刘宗敏二人担任权将军。各营的首领称制将军，分别由李岩、刘芳亮、刘希尧、袁宗第、李过充任。此外，还有果毅将军、威武将军等九个品级。主力部队称"精兵"，各有一定的人员负责"司牧、司柴、司庖、司器械"等后勤。随军家属编为老营。严明军纪，规定队伍过城邑不得室处，妻子外不得携其他妇女，骑兵不准践踏百姓的禾苗。营兵不得多带辎重，不许私藏金银财物，在战斗中缴获的战利品，规定全部上缴。在行军中，以旗纛到为前，军卒在后，秩序井然。军队的武器装备也有很大发展，有弓箭、腰刀、大刀、盔、绵甲、铁衣、长枪、三眼枪、鸟枪、神枪、火药、火车、大炮、佛郎机，五兵火器，一虚俱全。部队在行进和驻扎时，必有探马和哨兵，在百里内往来巡逻和侦察，并在数十里外点放烟火，以迷惑敌人。扎营之后，稍事休整，就进行骑射训练。

在农民军控制的地区里，李自成采取了一些安定人民生活和发展社会生产的措施。如没收南阳、襄阳一带地主的"庄田"，进行耕种。同时招抚流亡的贫苦农民，"给牛种，赈贫困，畜孳生，务农桑"；又"募民垦田，收其籽粒以饷军"。同时，发展商业贸易，满足人们生活需求。与明王朝的横征暴敛形成了鲜明的对照。

三月，李自成宣布称新顺主，并在襄阳召集将领会议，商定下一步作战计划。会上，有三种意见：一是先攻河北，直取北京，这是牛金星的建议；二是东取南京，截断粮道，围困明朝，这是杨永裕的建议；三是先取关中，以此为根据地，建立政权，补充兵力，然后进击山西，再取北京，这是顾君恩的建议。经过反复讨论，认为直取北京，万一不胜，退无所归。顺流东下，需要船只与水师，当时李自成农民军不具备这些条件；还有此时武昌为张献忠占据，顺流东下要与张献忠相冲突，二者之间的关系一时也不好协调。所以，最后决定采纳了顾君恩的主张。这就是著名的襄阳决策，又叫关中—北京战略。这是一个重大决策，表达的是李自成领导集团急切推翻明王朝的愿望与心理。在形势分析中，他们看到了经过中原大战，明朝在北方已没有能够直接威胁李自成的军事力量，充分利用这个机会，以关中为根据地，收取三边，建立政权，建都西安，补充兵力，东进山西，攻打北京，推翻明朝是可行的，机不可失。同时这一决策也避开了与张献忠之间矛盾的激化。这在当时李自成领导集团看来是一个好的抉择。但这个决策的缺陷也是明显的。陕西是明末农民大起义的发源地，除关中平原外，气候寒冷，土地贫瘠，天灾不断，而且自唐末以后，就再也不是全国的政治、经济、文化中心，不适宜建都；同时，没有考虑推翻明王朝后国内将会出现的复杂局势，以及如何应对正在崛起的虎视眈眈的清王朝。襄阳会议后，李自成在军事上作了相应的部署，决定主力部队北上，另派一支部队自河南淅川龙驹寨间关进入陕西。

五月五日，张献忠率部攻克湖广省城武昌，在武昌宣布正式建立大西政府，改省城为京城，铸西王之宝。张献忠进驻楚王府，门前竖立两面大旗，上面写道：夫与人归，招贤纳士。武昌九座城门也都竖起了两面大旗，上面写道：天下安静，威震八方。李自成闻知此事，虽然致书表示祝贺，信中却用的是上司对下属的语气，希望张献忠能够放弃尊号，归顺自己。张献忠力量没有李那么强大，只以卑辞厚礼答谢。

同一时间，在湖广出现了两个由农民军建立的军政府，虽然他们有着反抗明王朝的共同目标，在客观上是相互配合、相互支持的，但二者的关系并不那么融洽。李自成要夺取汉阳，张献忠也要夺取汉阳，矛盾一触即发。正如明凤阳总督马士英所说：献忠既破武昌，与闯争汉阳。"闯怒，出示使人捉献，鹬蚌之兆已成，第未接刃耳。"

处在火山口上的崇祯帝视襄阳农民政府为心腹大患，以疯狂的热情谋划收复襄阳。六月初七日，任命孙传庭为兵部尚书，改称督师，总制应天、凤阳、安庆、河南、湖广、四川、贵州军务，仍总制陕西省三边，兼理粮饷，赐尚方宝剑。十五日，又发出通告，申明有能擒斩李自成者赏万金，世袭侯爵；擒斩张献忠者官一品，世袭锦衣卫指挥，赏5000金。

孙传庭自郏县战役后，扼守潼关。积极整军备战，重新组合力量，并且建立起由两万人组成的火车营，专门对付李自成的骑兵。他本想等所部训练有素之后，再行出战。崇祯帝等不及了，要他立即出关。八月一日，孙传庭合师十万，在西安关羽庙举行誓师大会。他的总体部署是：以总兵牛成虎、副将卢光祖为前锋，以辽蓟总兵白广恩、总兵高杰为中军，以延绥总兵王定与宁夏总兵官抚民为赴潼关后劲，又命令河南总兵卜从善、陈永福合兵趋洛阳下池寨，让四川总兵秦翼明、巡抚冯孔出商洛为犄角，让总兵左良玉从九江北上逼遏汝宁，郧阳明将徐勇等统兵进抵光化。目的是收复襄阳，歼灭李自成农民军。会后，诸路兵马开始行动，直逼河南。初四日，孙传庭带着满腔无奈自西安出发东进，经潼关，到达河南阌乡。

李自成闻悉，率领主力部队北上入豫迎敌。动员组织军民在郏县、襄城一带，构筑小土城二十余座。城内各筑一台，台上竖大旗一面，设立四卒，负责鼓角，传递军事情报。于各个城门安放大炮，配备步兵，时刻准备出击。城前一二里间，开挖坑堑。又在汝州、宝丰一带，屯驻重兵，设立五道防线，严阵以待。

战争开始后，李自成采取诱敌深入战术，派出一支小部队，前往阌乡迎敌，且战且退，诱敌进入农民军的伏击区。孙传庭到达龙门后就在此安营扎寨，遣兵5000人前往汝州，农民军放弃汝州，奔往宝丰。九月十二日，孙传庭攻取宝丰。州牧陈可新等战死。在唐县的老营也被明军攻破。农民军遭到不小损失。但主力仍然保存完好。孙传庭暗自欣喜，以为贼旦夕可灭。他在给崇祯

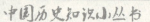

帝的报告中宣称：这次进兵河南，农民军"闻臣名，即惊溃，誓肃清豫、楚，不以一贼，遗君父忧"。崇祯帝将这份报捷疏交大臣传阅，大叫："贼之灭亡就在旦夕。"事实上，此时的孙传庭及其所部明军已陷落在农民军的包围之中。十七日，在汝州的明军由于缺饷哗变。孙传庭心急火燎，急忙分兵三路，让陈永福留守，自己带着白广恩和高杰，分别一从大路，一从小路，回师洛阳，筹运粮饷。本来明军的阵势已经混乱。孙传庭这么一走，明军也就乱了起来，纷纷逃散。时大雨不止，一下就是七天七夜。明军无粮，饥疲沮丧，装有火器的战车在雨天泥泞中派不上用场。郏县城下，两军对峙。明军屯于郏城西南汝水上流，以陈永福守郏城；农民军地于郏县城东，深沟高垒。明军大饥，军心大乱。二十二日，李自成命令部队展开攻势。埋伏在汝州、郏县数十万农民军，一跃而起，旌旗如林，人如潮涌，步兵骑兵互相配合，杀向孙传庭的营垒。正巧天下大雨，明军的战车陷于泥泞中，逃都逃不出去，伤亡惨重。高杰眼看大势已去，赶忙挥众西窜，农民军跟踪追杀，一昼夜追击四百里，到达孟津，"死亡四万余人，尽丧其军资器仗"。孙传庭畏罪投河自杀未遂，被亲随残兵拥入潼关。有评论家说："孙传庭溃于汝州，而明遂不支矣。"还说：如果孙传庭这次不败，"明之亡，未必如其速也"。汝州战役，明军惨败，孙传庭狼狈逃回潼关。崇祯帝闻报，对孙大加申斥，并削去了他督师尚书职衔，同时责令他固守潼关，妄图借助潼关天险挽救败局。孙传庭败回关中后，打算收集散兵固守关城。

李自成紧紧抓住战机，命令李过率兵直追孙传庭，他与刘宗敏、贺锦等率部10万由洛阳出发直逼潼关；另以袁宗第、刘体纯率部十万为偏师，由河南邓州出发，取道商洛，逼进西安，与主力会师。并且命令部队广集铁工，赶制攀越山岭用的铁钩钉数万具。十月初二日，李过的部队带着铁钩钉，走小道，沿山崖，迅速抵达潼关。

初六日，两军开战。刘宗敏等在关前埋伏重兵，诱使孙传庭进入埋伏。孙传庭发现陷入埋伏后，拼命突围，从骑俱散，徒步前冲，在混战中被杀于阵前，连尸首都找不见。高杰听见关后隆隆炮声，以为潼关已破，惊骇窜逃。溃散的官军，亡命西奔。因急于入城，就用刀劈开南水关栅栏。令高杰等人始料不及的是，农民军也竟然尾随而行，轻而易举地夺取了潼关。明将高杰奔逃延安，白广恩逃向固原，陈永福逃向秦州（今甘肃天水），高砺逃向汉中。

孙传庭死后，朝廷命余应桂以兵部右侍郎兼左副都御史总督陕西三边军务。余应桂以无兵无饷求见，痛哭流涕，陈述其难。最后只派给他京军千人护送以行。他不敢不行，但起行之后，见到处都是农民军，遂逡巡不前。

农民军结队入关，长驱西行，四日之内，连破华阴、华州、渭南、临潼诸州县，关中大震。陕西巡抚冯师孔原在商雒闻警，急忙赶往西安。西安守兵不多，只有5000人，还不能保证粮饷供给，加上天气严寒，尚无冬装。有人劝秦王朱存枢向士兵每人发棉衣一件，秦王不肯花这点钱。士兵心怀不满，无心恋战。冯师孔的部署还未就绪，十一日，农民军就到达西安城下。守将王根子自知难以固守便举兵投降。用箭将投降书射于城下，打开东门迎接农民军进城。陕西巡抚冯师孔、按察使黄炯、指挥使崔而达等被俘杀，左布政使陆之祺投降。长安县知县吴从义等投井自杀。秦王朱存枢被俘，富甲天下的数百万资产，尽为农民军所有。由于李自成要在此建国立业，所以入据西安后，严令禁止杀戮，注意安抚百姓，要求士民各安生理，毋庸惊恐。对于明宗室的政策也有所放宽，将秦王朱存枢留在军中。

十五日，袁宗第率师攻取商州、雒南，两日后与李自成主力会师于西安，遂即奉命率部继续前进，投入新的战斗。

十月末，李自成留田斌守西安，亲自率兵北上，攻取"三边"。明朝设立"九边"，陕西有延绥、宁夏、甘肃三镇，又称"三边"。延绥镇下属四卫：庆阳、延安、绥德、榆林。延绥镇治所旧在绥德，成化间迁至榆林。宁夏镇治所设在今银川，甘肃镇治所设在今兰州。这里是明朝边兵聚集的地区，先前在中原战场上几次大会战，明朝出动的主要部队都是从这里调出的。为了歼灭明朝的主力，李自成决定亲临前线部署指挥。

榆林地临河套，负山阻河，为明代的军事重镇。这里不仅有重兵屯驻，而且有着一批素有作战经验的良将。有记载说："诸将之在秦者，皆集于榆林。"在李自成据有西安后，他们还在策划新反扑。参将刘廷杰曾说：李自成虽有西安，三边尚为国守。"吾榆林天下劲兵处，一战必夺其气，然后约宁夏、固原为三师以迭进，贼可破也。"因此，李自成十分重视榆林的攻取，决定采取劝降与武力攻取两种策略，一方面发银5万两犒劳诸将，亲笔写信一封，派遣辩士舒君睿、将官黄色俊等前往榆林做劝降工作；同时命李过、刘芳亮等率领7万大军前往，若招降不成，即展开军事进攻。此时继任巡抚张凤翼尚未到达。右布政使兼兵备副使都任运筹帷幄，誓死固守，命令所属官兵尽入镇内，同时邀集退居镇内的原任总兵王世显、侯世禄、侯拱极、尤世威、尤世禄、王世钦、王世国，副将惠显、潘立勋、尤翟文等，共谋策略。他当众表示：我都任世受国恩，必以死报效，若有异议者斩。言辞激昂慷慨。又激励将士道："你们愿守？愿降？"众将士齐声回答效死无二。于是诸将共同推举尤世威为首，主持号令，统一部署。舒君睿按照李自成的嘱咐，在城下耐心劝说，连续三日都无结果。尤世威毁其招降牌，斩杀使者，表达了拼死的决心。李自成大怒。十五日，命令大军发起进攻。榆林城三面傍山，一面临河，城北有五处护城墩栅，可相互声援，从这里进攻难度很大，东、南两面山阜参差，有祠、庙、林木好隐蔽，尤其是海潮寺，逼临城下，诃从寺中挖地道穿城。李过指挥士兵奋勇环攻，炮火猛烈。城上发射强弩、巨炮，几次开城出战，杀死杀伤农民军多人。攻守持续十三个日日夜夜，矢石、炮火从无片刻停息，攻者勇敢，守者顽强。二十七日，农民军用洞车四面穴城，用火药炸城，将城东南城墙炸塌数十丈，城内起火，农民军蜂拥而入。巷战从中午到傍晚，各自矢尽刀折，尸体堆积塞道，鲜血流满通衢。农民军夺取榆林，都任举家自缢而死。据载在榆林战死的大将总兵有尤世威、侯世禄、侯恭极、王学书、王世钦、王世国、王世臣、李昌龄，裨将和副将有尤翟文、常怀德、李登龙、张发、杨明、游击孙贵、龙养昆等。另有守将游击傅德等十人。城中妇女、儿童尽死于兵火中，无一人存留。榆林攻取后，李自成命王良智、周士奇、张宏柞镇守榆林，命高一功镇守绥德。开始调集兵力增援宁夏。

李自成在攻打榆林的同时，派兵前往宁夏。十六日，包围了宁夏，总兵官抚民率领镇中军民抗拒。农民军组织了三次进攻，都未能成功，士兵有数千人伤亡。由于李自成正在集中兵力攻打榆林，只好作罢。二十七日，榆林告陷，使李自成得以重新部署，增派兵力前往宁夏。并且发表檄文，克期攻城。檄文传至城内，巡抚李虞夔和庆王朱倬催束手无策。他们在庆王府磋商，最后决定向农民军投降。官抚民看到大顺军大队人马前来，也投降了农民军。李自成命监军道陈之龙为宁夏节度使，以投降总兵牛成虎镇守该地。

庆阳的攻取是在刘宗敏直接指挥下进行的。刘宗敏率军5万，围城数匝。兵备副使段复兴依靠城墙坚固率兵固守，并将城内妇女也动员起来参加守城。战斗非常激烈。农民军先攻打西城，越三日，不克，改攻南城，后二日，又不克，后自西城转移至北城，最后移至东城。农民军伤亡3万人，积尸几乎填平城壕。侦知守卫在这里的是城中妇女，力量薄弱，就以此为突破口，组织农民军穴城数十道，破城而入。兵备副使段复兴、知府董琬、乡绅太常寺少卿麻禧等同日被杀。韩王朱亶塉被俘。

袁宗第率部攻打固原，总兵白广恩打开城门投降。李自成闻知，十分高兴，特意将他召至西安，设宴款待，相谈甚欢。左光先见此情景，也主动投降。陈永福先前在防守开封时，曾射中李自成左眼（有说是陈永福子陈德所为），使李自成留下终身残疾。此时顾虑很多，既想投降，又怕李自成乘机报复，何去何从，犹豫不定。李自成得知后，立即让白广恩向陈永福转达既往不咎。白广恩直言不讳地向李自成转述陈的顾虑：汴城之战，永福射中王之眼睛，今战败来归，担心日后难全腰领。李自成立即回答道：他我都是各尽其责，那有什么关系呢？并以折箭为誓，保证永不算旧账，终于打消了陈的顾虑，使陈下定决心向李自成投降。李自成的这一做法，表现出一个政治家的气度，这对于争取明朝官绅的归附有着示范作用。至此，三边之地已在李自成农

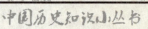

民军的控制之下。有评论说："三边尽堕，贼无后顾，长驱东犯矣。"

李自成在收取三边大局已定情况下，回到西安。西进工作交给了左金王贺锦。

十一月，贺锦领兵向甘肃镇进发，一举攻克安定，金县开门迎降。二十一日，到达兰州，兰州人开城迎入。肃王朱识铉仓皇逃出城外，被明朝卸任总兵杨麒派人擒获，杨麒带着肃王前来投降。贺锦斥责他卖主以牟取富贵，既不忠于明王朝，也不是真心投顺农民军，遂将肃王与杨麒父子一并处死。贺锦留下党守素镇守兰州，自己统兵继续西进。凉州（今甘肃武威）、庄浪二卫先后投降，遂向甘州（今甘肃武威）挺进，遭到甘肃巡抚林日瑞、总兵马爌的阻击。十二月，农民军踏冰过河，抵达城下。当时大雪纷飞，积雪深盈丈，农民军将士利用积雪堆作登城的阶梯备攻城。二十七日，城内守军引农民军上城，从而农民军胜利夺取了甘州。林日瑞、马爌拒不投降都被处死。之后，辛思忠率领农民军攻克肃州(今甘肃酒泉)、山丹、永昌、镇蕃等地，乘胜进入青海。贺锦在占领区府州县派遣官员，安抚地方，甘肃全境遂在大顺军的控制之下。唯有西宁卫直到崇祯十七年（1644年）二月，才为辛思忠所据有。

李自成回到西安后，开始部署组建大顺政府成立的各项准备工作。经过两个月的工作，各项准备工作就绪。

崇祯十七年（1644年）正月元旦，李自成在军民的拥戴下，宣布建都西安，改名自晟，国号大顺，建元永昌。大顺永昌表达的是大顺军民的心愿，寄托着军民大顺永远昌盛的希望。古城西安一片欢腾。

大顺政府决定改西安为长安，称西京。以明秦王府为宫殿。追尊先代，以李继迁为不祧之祖，曾祖以下皆有谥号。追尊母吕氏为太后，册封高氏为皇后，陈氏为贵妃。

以宋献策为军师，大顺政府实行新的官制。中央改内阁为天佑殿，设大学士平章军国政事。改六部为六政府，各政府设尚书一人，侍郎二人，改翰林院为弘文馆，六科为谏议大夫，御史为直指使，尚宝寺为尚契司，太仆寺为验马寺，通政司为知政使。六政府的主要官员有：吏政府，宋企郊；户政府，杨建烈；礼政府，巩焴；兵政府，张璘然；刑政府，陆之祺；工政府，李振声。地方省级政府，设节度使，相当于明代的巡抚，仿照明朝巡按御使的制度，在省设立巡按直指使，代表中央行使监督之责。其他道、府、州、县设防御使、府尹、州牧、县令等官与襄阳时期相同。军制设立五营，名称为中吉、左辅、右翼、前锋、后劲；五营旗纛前营为黑色、后营为黄色、左营为白色、右营为红色、中营为青色。武官仍设权将军、制将军、果毅将军、威武将军、都尉、掌旅、部总、哨总等官。在军队中实行五等爵制。权将军、制将军封侯；果毅将军以下封伯、子、男。其可查考者，侯9人：汝侯刘宗敏、泽侯田见秀、蕲侯谷英、亳侯李锦（李过）、磁侯刘芳亮、义侯张鼐（李双喜）、绵侯袁宗第、淮侯刘国昌、岳侯某。伯72人：光山伯刘体纯、太平伯吴汝义、巫山伯马世耀、武阳伯李友（李佑）、八平南伯刘忠、文水伯陈永福、桃园伯白广恩、确山伯王良智、京山伯陈荩、鄢陵伯刘某等。子30人，宁陵子田虎等；男55人，临朐男高一功等。

诸如拟定典章、开科取士、发行新币、筹措粮饷、组建地方政府等工作也逐渐展开。李自成这位贫民领袖也今非昔比，每三天出来到教场观察练兵，他穿着黄衣服，前头没有仪仗队，可有把黄伞，黄服都是皇帝的象征。他的名字自成的成字也改为晟。大顺政府的辖区，有河南黄河南部，湖北大部，陕西全部，甘肃、宁夏部分地区。

同一时间，张献忠部农民军在湖广、江西一带纵横驰骋，展开了强大攻势，占领了岳州、衡州、袁州、常德府、建德府、抚州府，发出了捉拿杨嗣昌儿子杨山松的令票，宣布有捉到杨姓一人者，赏银十两，捉到其子孙兄弟者赏银千金。张献忠部农民军的发展、壮大与胜利推进，有力地牵制了明王朝的兵力，二者在客观上起到了相互配合、相互支持的作用。

# 三 大清据有东北，伺机入关

大清是满族建立的王朝。它的前身是努尔哈赤建立的后金。满族是一个古老的民族。前身是居住在黑龙江北的女真族。它有着自己的习俗，在广阔的天地里，以射猎为业，逐草而居。金朝建立后，他们中居于统治地位的女真人进入中原地区，与汉人杂居，久而久之，为汉人同化。而留居在白山黑水间的女真族人，依然保持着旧有的生活方式和习俗。明朝建立后，加强了对东北地区的管辖。按照居住地分为三大部：住在凤州一带的归建州卫管辖，被称作建州女真；住在呼兰河和汤旺河一带的女真人称为海西女真；住在黑龙江下游的原始女真部落，称为野人女真，也叫东海女真。

后金的建立者努尔哈赤的祖先是建州女真族系。努尔哈赤姓爱新觉罗氏，明嘉靖三十八年（1559年），出生在建州卫一个官员家里。他是建州左卫都督猛哥帖木儿的六世孙，历代祖先有许多人受明廷册封，担任建州左卫指挥使、都督金事、都督等官。努尔哈赤10岁丧母，因继母虐待，19岁分家自立。为了生活，他采松子、挖人参到抚顺马市出售，不久又投到明辽东大将李成梁部下，作战时冲锋在前，屡立战功，颇得李成梁厚待。受到汉文化的熏陶，并在汉人明总兵官李成梁家里读书识字，爱看《三国演义》和《水浒》，由于与较多的汉人接触，对汉人生活习俗也有了较多的了解。艰苦的劳动生涯和紧张的戎马生活，使他成为足智多谋、武艺超群的杰出人才。明万历十一年（1583年），建州苏克苏浒部图伦城主尼堪外兰引导明军镇压阿台，努尔哈赤的祖父建州左卫都指挥觉昌安，父亲建州左卫指挥塔克世也随军同往，结果在明军攻破阿台的古埒城时，觉昌安被烧死，塔克世遭误杀，明廷为了报偿其祖、父的冤死，特意给努尔哈赤敕书13道，马13匹，复给都督敕书，封他为指挥使。之后，他用了5年时间，统一建州女真五部，形成一个较为稳固的政治势力。

万历二十三年（1595年），努尔哈赤被明朝任命为龙虎将军。他开始统一建州各部，明政府误以为他的力量增长和统一行动，对于稳定辽东局势有利，对努尔哈赤日益壮大的势力不加干预。努尔哈赤利用内政败坏，采取"倏顺倏逆"的策略，扩展力量，兼并哈达部、鸟拉部之后，开始进入松花江、图们江和绥芬河的东海部，俘获了大量人口，在苏子河和嘉哈河的东岸构筑了赫图阿拉城，即今辽宁新宾县满族自治区永陵镇老城。在此期间，逐渐建立了八旗制度，创制了满文。

万历四十四年（1616年），努尔哈赤以赫图阿拉为国都，称兴京，建国大金，起用天命年号。由于历史上已有金，故称后金，正式建立了国家政权。万历四十六年（1618年），努尔哈赤以"七大恨"为号召，誓师伐明，"七大恨"内容主要是：（1）明朝无端杀害努尔哈赤的祖父和父亲；（2）明朝以兵越界帮助叶赫部；（3）掠夺财物，杀后金使者；（4）以兵助叶赫，将努尔哈赤已聘之女转嫁蒙古；（5）向后金强索柴河、三岔河、抚安等处耕地，不准收割庄稼；（6）偏向叶赫，派使臣侮辱后金；（7）不准后金吞并哈达，对叶赫吞哈达不闻不问。这一政治宣言，表明努尔哈赤进攻明朝的战争，既是反对明朝压迫的民族解放战争，又是实现满族统一的战争。

四月十四日，努尔哈赤率兵两万，分作两路，一举攻下抚顺，明抚顺游击李永芳投降，不久又攻下清河城。抚顺和清河的攻取，给醉生梦死的明神宗以极大的震惊。

万历四十七年（1619年）二月，明政府从全国各地调凑了8万多军队，加上叶赫和朝鲜援军，号称47万人马，以杨镐为总指挥，企图一举消灭努尔哈赤。努尔哈赤聚集六万兵马迎战。三月，双方在萨尔浒举行会战，前后四天，

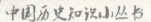

明军大败，文武将吏死伤310余人，士卒死伤48870余人。努尔哈赤乘胜攻下开原、铁岭，兼并叶赫，从此成为崛起辽东，问鼎中原，与明朝争夺天下的主要对手。

萨尔浒战役后，明朝为了力保危疆，决定任用熊廷弼为兵部右侍郎、右佥都御史经略辽东。由于萨尔浒战败的影响，明辽东地区各城堡军民纷纷外逃。熊廷弼冒着大雨兼程出关，招集流移，修缮城堡，简练兵马，整肃军纪，制止了混乱局势。他采取以守为主的战略，集中兵力18万人，固守瑷阳、清河、抚顺、柴河、三岔、镇江诸堡，"小警自为堵御，大敌互为应援。更挑精悍者为游徼，乘间掠零骑，扰耕牧，更番迭出"，辽东战线大为巩固。然而，惯于纸上谈兵的明朝官僚们指责熊廷弼怯战无为，御史冯三元还给熊廷弼编造了"无谋者八，欺君者三"的罪名，制造不罢黜熊廷弼，辽必不保的舆论，熊廷弼愤而辞职。明政府以袁应泰接替熊廷弼。《明史》说他"历官精敏强毅，用兵非所长"。他到达辽东，一改熊廷弼坚守战略，积极准备进攻后金。恰值辽东边外蒙古各部发生饥荒，牧民乞食者众。袁应泰欲借用蒙古人出力，下令大量招降安置于辽阳、沈阳城中。有的官员担心蒙古降众过多，其中可能混进后金间谍，而袁应泰自以为得计，将借此与大清兵抗衡。

天命六年（1621年）三月十日，努尔哈赤亲率大军进攻沈阳。沈阳城经过熊廷弼的修缮，异常坚固，城外有品坑，内置尖桩，上覆秫秸，以土掩之，又有城壕一道，内外竖有栅木。近城复有城壕二道，阔五丈，深二丈，均有尖桩，内筑拦马墙一道，间留炮眼，排列战车枪炮。明军将士在城上布阵固守。后金军先是诱使总兵官贺世贤出城迎战，继之用楯车攻城，战斗激烈，在此关键时刻，城内蒙古人叛变内应，砍断绳索，放下吊桥，后金军蜂拥而入，攻占了沈阳城。明将陈策等人率军救援沈阳，又在浑河岸边展开激战。曾使后金兵一再受挫，最后虽因寡不敌众而全军覆没，但后金军损失也不少。

努尔哈赤在夺取沈阳后，立即召集诸王大臣会议，决定乘胜攻打辽阳。十九日，后金军进抵辽阳城下。明辽东经略袁应泰率总兵官侯世禄、李秉诚、梁仲善、朱万良出城五里迎战，试图趁后金兵立足未稳，先发制人，可惜没有成功。第二天、后金兵分成两路，在努尔哈赤指挥下攻城，明辽阳守将弃城逃跑，军心动摇。第三天傍晚，后金兵从小西门攻入，城中大乱，袁应泰率军苦战失败，自杀。辽阳为后金所有。接着，后金军席卷辽河以东的海州、盖州等七十余城。此时，努尔哈赤作出迁都辽阳的决策，并在辽阳城东北5里的地方修建新城，因位于太子河东，故又叫东京城。

天命七年（1622年），努尔哈赤率军渡过辽河，进攻辽西。明军连遭败绩，广宁失守，有四十余城堡不战而降。

天命十年（1625年）三月，努尔哈赤决定迁都沈阳。他告诉部下说："沈阳四通八达之处，西征大明，从都儿彝渡辽河，路直且近。北征蒙古，二三日可至。南征朝鲜，自清河路可进。沈阳浑河通苏苏河，于苏苏河源头处伐木，顺流而下，材木不可胜用。出游打猎，山近兽多。且河中之利亦可兼收矣。"自那时起，沈阳就成为东北的政治中心，同时标志着他已经确立了与明朝争夺统治权的远大目标。

天命十一年（1626年）正月，努尔哈赤率师13万进攻宁远，遭到明将袁崇焕的顽强阻击。后金兵伤亡惨重，不得不解围而去。他的心情十分沉重，郁郁寡欢，加上年事已高，臃疽突发，医治无效，这年八月，病死于沈阳西40里的云鸡堡。时年68岁。同年九月四日，他的第八子皇太极继承了皇位。

皇太极就位于后金崛起之际，秉承父辈的遗志，开拓进取，顺应辖区扩大到居民以汉人为主，经济以农业为主的需要，改革对内对外政策。把"安民"放在改善民族关系的首要位置，宣布："治国之要，莫先安民。我国中汉官汉民，从前有私欲潜逃及令奸细往来者，事属已往，虽举首，概置不论。嗣后惟已经在逃，而被缉获者，论死。其未行者，虽首告亦不论。"在这项法令颁布的第三天，又颁布了一项重要政策，宣布："工筑之兴，有妨农务，从前因城郭边墙事关守御，故劳民力役，事非得已，朕深用悯念。今修葺已竣，嗣后有颓坏者，止令修补，不复兴筑，用恤民力，专勤南亩，以重本务。"新法

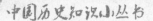

令还说："满汉之人，均属一体，凡审拟罪犯，差徭公务，毋致异同。"强调以农业为本，重视土地开发与利用，促进社会安定与政权巩固。努尔哈赤时，在辽东地区实行汉人编庄的做法，编庄就是将汉人全部变成农奴。天命十年（1625年），皇太极规定："其余汉人，分屯别房，编为民户，择汉官清正者辖之。"这一限制，减少了汉人变成农奴的人数，多少改善了生产关系。它的贯彻实施，收到了"汉人安堵，咸颂乐土"的效果，后金政权在辽东的统治由此巩固下来。

与此同时，皇太极大力推行政治体制与军事制度改革，完善国家机构。努尔哈赤建立的后金政权机构设置比较简单，设有理国听讼大臣五人，都堂十人，加上额亦都等五大臣，而主要军国大政全由充当八旗旗主的努尔哈赤及其子侄来决定。天聪初年，所得人口必八家分养之，所得土地也必八家分据之，即使一人尺土，贝勒都拥有一定的权力，可以与皇帝分庭抗礼。天聪五年（1631年），皇太极根据汉官宁完我的提议，仿照明朝政体，正式设立吏、户、礼、兵、刑、工六部，以贝勒多尔衮、德格类、萨哈廉、岳托、济尔哈朗、阿巴泰领各部事。各部下设满承政二人，蒙古承政一人，汉承政一人，启心郎一人。承政下设参政8人。六部之设，使八旗贝勒成为皇太极属下的官员，这种关系是君臣隶属关系，六部官员由满、蒙、汉族人按比例组成，扩大了后金政权的统治基础。天聪十年（1636年）三月，皇太极改文馆为内三院，即内国史院、内秘书院、内弘文院，负责起草法令、讲经注史和编纂书籍，相当于明朝内阁的作用。同年还设立了都察院，作为对诸王大臣们的监察机构。崇德三年（1638年），皇太极又将蒙古衙门改为理藩院。以上机构的建立和完善，使八旗贝勒的事权逐渐削弱，权力逐步集中到中央。

考试选拔官吏。天聪三年（1629年），仿照汉人的办法开科取士。皇太极在发布的诏书中说："自古国家文武并用，以武功戡祸乱，以文教佐太平。朕今欲振兴文治，于生员中考取其文艺明通者优奖之，以昭做人之典。诸贝勒府以下及满、汉、蒙古家所有生员，俱令考试。"九月一日举行公开考试，录取200人，凡是充当奴仆的生员通过这次考试摆脱了奴仆身份。入关后当上清朝大学士的宁完我就是通过这次考试，获得自由而成为后金的官员。之后于天聪八年（1634年），崇德三年（1638年）、六年（1641年），都开科取士，选拔了一批知识分子，其中不少人成为皇太极的心腹谋士。

扩军备战，建立八旗汉军，争取汉官归附。汉军的满语称"乌真超哈"，意为重兵。天聪五年（1631年），皇太极命令在汉民中征兵，十丁抽一，组成汉军，由额附佟养性统率，专门练习火炮鸟枪，后金从此有了新式火器。八月，皇太极率军攻打大凌河城，城中明军"粮绝薪尽，杀人为食，析骸为爨"，仍坚持抵抗。皇太极一方面实行层层包围的策略，击败明朝的援军；另一方面展开积极的招降工作，明军守将祖大寿被困，走投无路，求降。他根据后金兵部尚书岳托提出招抚明降官降将的建议，亲自率众贝勒出营一里之外迎接来降的祖大寿。祖大寿见到皇太极，欲跪，皇太极忙上前制止，遂行以满族人最隆重的抱见礼。他和祖大寿一同进入营帐中，设宴款待，亲自为祖大寿斟酒。在祖大寿看来他是个败军之将，而今成为皇太极尊贵客人，和祖大寿一起投降的，还有副将刘天禄、张存仁、祖泽润、祖泽洪、祖可法、曹恭诚、韩大勋、孙定辽、裴国珍、陈邦选、李云、邓长春、刘毓英、窦承武，参将吴良弼、高光辉、刘士英、盛忠、祖泽远、胡弘先，游击祖邦武、施大勇、夏得胜、李一忠、刘良臣、张可范、萧永祚、韩栋、段学孔、张濂、吴奉成、方一元、涂应乾、陈变武、方献可、刘武元、杨名世等38人，他们成为八旗汉军的骨干将领。皇太极争取明朝降官降将，做到了真心诚意，令人感叹。祖大寿在大凌河归附后，表示愿意为皇太极赚取锦州，他被释返锦州后，隐瞒了投降一事，又为明朝守锦州一年余，直到崇德七年（1642年）再次被迫降清。皇太极不计前嫌，仍予重用。明监军道张春，被俘后破口大骂，唯求速死。皇太极没有杀他，让他在沈阳的三官庙中讲学，为后金培养人才。

天聪十年（1636年）四月十一日，皇太极因得到元朝传国玉玺，正式宣布称帝，用满、蒙、汉三种文字祭告天地，改国号大清，改年号崇德。从这时起，同明王朝争夺最高统治权成为他一切活动的目标。

皇太极在致力政治体制改革巩固后金政权的同时，开始对朝鲜用兵。李氏朝鲜是明朝的藩属国，萨尔浒战役时，朝鲜曾出兵帮助明朝于东路攻打后金，后又支持驻守东江的明总兵毛文龙部，从海上袭击后金，使后金处于腹背受敌的境地。天聪元年（1627年）正月，皇太极乘江水冰合时期，命贝勒阿敏率兵三万进攻朝鲜，兵分三路，以朝鲜叛臣韩润为向导。朝鲜防务薄弱，不到半个月时间，就攻下平壤，朝鲜国王李倧大惧，求和，双方派出代表进行磋商，签订了《江都之盟》，其主要内容是后金与朝鲜结成兄弟之国，朝鲜每年送宗室一人为人质，保证与后金和好。年赠岁币。双方各守封疆。朝鲜宗室原昌君李觉带着厚礼送于平山后金军营，作为议定和好之礼品。三月三日，双方在江华岛签约。后金开始退军。这次对朝鲜战争，后金虽然得到了好处，但后金迫使朝鲜切断与明朝关系的目的并未达到。朝鲜与明朝仍然保持着君臣关系，仍然以物资和船只支持明朝对后金的战争，朝鲜国王李倧明确表态说："若贵国要我负明，则宁以国毙，断不敢从。"皇太极对此很是不满。适值皇太极登帝位的典礼，朝鲜使臣不予参拜，皇太极大为恼火，并且成为皇太极再次发动对朝鲜战争的借口。

崇德元年（1636年）十一月十九日，皇太极以"朝鲜败盟逆命"为由，再次对朝鲜用兵。这次调集兵力10万，十二月二日，从盛京（今辽宁沈阳）出发，兵分两路，以多尔衮、豪格为左翼，皇太极、代善为右翼，按照确定的进军路线同时行动。并且先让马福带领300人，化装为商人，直趋朝鲜王京汉城，由多铎带领千人继后配合行动。十四日，清军到达安州，朝鲜国王李倧才得知清军来犯的信息。李倧召大臣问："寇已深矣，将如之何？"大臣有的主张抵抗，有的提出逃走。李倧举棋不定。听说清军已过松都，他便奔向40里外的南汉山城。二十九日，皇太极率部到达王京。同日，南渡汉江，包围了南汉山城。这时的李倧一面号召各道勤王，一面派人飞速前往登州，向明政府告急求救，明政府被农民起义军打得自顾不暇，无力救助，朝鲜两道勤王兵赶到，可也无法挽回败局。崇德二年正月二十二日，清军攻下，江华岛，俘获朝鲜王妃、王子及阁臣等人。李倧为势穷情迫，向后金称臣请罪，接受了皇太极提出的极为苛刻的条件，交出了主战派代表人物洪翼汉，去掉明国年号，断绝与明往来，献出明国所赐诰命册印；一切礼仪，仍照明之旧制。国王亲自来谒，以长子并另一子为质，诸大臣也以子弟为质，将来立其质子为嗣；从今以后一应文移，奉大清国正朔，所有节日俱行贡献之礼。有事征伐明国，调兵数目、日期，一切不误，并当即备齐鸟枪、弓箭手及兵船50艘，助攻皮岛；大军撤还时，欢送，俘获之人逃回执送本主；以后每年进贡一次，黄金百两，白银千两及皮张纸席等物均有定数。三十日，在汉江东岸三田渡筑受降台，李倧向皇太极行三跪九叩之礼。举行受降仪式后，当即留下其长子李淏为人质，其余被俘妻子家口二百余人遣送还京。二月初二日，皇太极自朝鲜班师，从此清朝代替明朝把朝鲜变成了藩属。朝鲜对清朝由以前的兄弟之称，改为行藩臣之礼。不久，阿济格领兵取克皮岛，斩明将沈世魁等，这就解除了清朝攻向关内的后顾之忧。

皇太极还成功地解决了北面的蒙古问题。今天的内蒙古地区当时居住着许多蒙古部落，统称为漠南蒙古，其中察哈尔部势力最强。明代初期与中期蒙古是明代北方的巨大威胁。后金崛起后，明政府采取"以西虏制东夷"的方针，即利用西北的蒙古对抗东北的后金，极力支持察哈尔部林丹汗统一漠南蒙古。皇太极对于蒙古各部，采用恩威并用的方针，努力争取受林丹汗压迫的蒙古各部归附后金，对率先来归的各部首领赐以厚礼，授以高官，结为婚姻。因此，科尔沁、翁牛特、郭尔罗斯、杜尔伯特、扎赉特和克什克腾等部陆续归服后金。对于未曾归附的蒙古各部，则用武力进行征服。天聪二年（1628年），皇太极亲自率八旗兵攻打林丹汗，占领西剌木伦河流域；六年（1632年），再次进攻林丹汗并获得胜利。林丹汗众叛亲离，处境十分困难。天聪八年（1634年）因出痘病死于青海大草滩。次年，多尔衮率军西征，消灭林丹汗的残余势力，在河套地区俘虏了林丹汗的正妃和儿子额哲。这次出征还意外地获得了元朝的传国玉

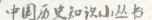

玺，成为皇太极改元称帝的信物。第二年皇太极组建蒙古八旗，直接归清政府统辖。勇猛强悍的蒙古骑兵加入清军，进一步增强了清朝的军事优势。

朝鲜与蒙古的臣服解除了清朝的后顾之忧，皇太极集中全力致力于对明战争。

皇太极称帝的第二个月，即崇德元年（1636年）六月，任命武英郡王阿济格和饶余贝勒阿巴泰为统帅，率十万八旗兵马南下对明展开进攻。兵分三路，入喜峰口，扑向北京北面的延庆州。又命多尔衮、多铎率部佯攻山海关，以牵制明军。阿济格率领清兵攻打居庸关、昌平北路，受到明大同总兵官王朴援军的阻击，死一千余人，失一百余人，但仍继续挺进，并且将俘虏的明军释放，令其返回昌平。七月初五日，清军从天寿山西灰岭、贤庄、德胜等口进入长城，攻克昌平。明守将王肇坤中箭身亡，总兵官曹丕昌投降，户部主事王一睦、保定通判王佐禹、判官胡惟忠、守备咸贞吉等皆被杀。明宣布京师戒严，号召山东、山西、保定、关宁各镇总兵勤王。阿济格令清兵焚毁天寿山的明熹宗陵墓。次日，阿济格率清兵攻巩华城。守将娄琏以火炮轰击，清兵退却。阿济格见明军攻势甚猛，难于很快取胜，便计议南下。正当崇祯帝召集廷臣商议攻防策略，调兵遣将之际，阿济格采用避实就虚的战术，率兵克定兴、房山、安肃、大城、安州，接着，又克文安、永清，分兵攻都县、遂安、雄县。又从雄县奔赴鄚州口，遇到明将刘泽清的阻击，而转攻香河，越过河西务，回到涿州，攻克顺义，绕到京东北，经怀柔、大安、西和、密云、平谷，返回雄县，向北侵掠袭扰。九月一日，从冷口关出边，满载而归。这次战争自五月三十日开始，九月二十八日返回沈阳，前后共4个月。实际作战时间不过二十五六天。清兵连陷12城，先后56战，俘获人口73293人，牲畜196581，马骡25868。北京附近良乡遭到严重破坏。明兵部尚书张凤翼与宣大总督梁廷栋援救不力，惧引咎自杀。皇太极首战告捷，士气大震，一些汉官纷纷提出趁势打进山海关的建议，但他不急功近利，而是脚踏实地，有计划、有步骤地从事一刀一斧地砍伐明朝这棵大树的工作。

崇德三年（1638年）八月，皇太极第二次发动大规模的对明战争。多尔衮奉命联合蒙古军大举进兵，兵分两路。左路以多尔衮为主帅，豪格、阿巴泰为副帅；右路以岳托为主帅，杜度为副帅。皇太极则率大军佯攻锦州、宁远，以配合行动，牵制明军。出发前，皇太极用满蒙汉三种语言宣布军队纪律。九月二十二日，右路岳托部从密云东北墙子岭入边，六日后，多尔衮部从中协董家口东青山关入边。墙子岭地势险峻，岳托挥兵蚁附，连续奋战三昼夜才得越关而入，正在密云为监视太监邓希诏祝贺生日的总督吴阿衡和总兵陈国俊闻讯仓促应战，均被清兵击毙。两路清军会合于通州河西，越迁安，逼丰润，乘胜南下，直抵北京近郊。

十月初二日，崇祯帝宣布北京戒严，征调辽东前锋总兵祖大寿入援，留巡抚方一藻、朱国栋、陈祖苞分守；命宣大总督卢象升率总兵杨国柱、虎大威进易州出其左；移青州、登州、莱州、天津的兵马出其右；檄总兵刘泽清以山东兵马遏其前；高起潜配合行动。同月初四日，崇祯帝在武英殿召见文武大臣，商定对策。卢象升主战，杨嗣昌主和，争论不休。崇祯帝出尔反尔。命诸大臣分守都门，同时召孙传庭出潼关，檄延绥、宁夏、甘肃、固原剿寇之兵北上增援。于是孙传庭遣总兵白广恩等率领万人，总督洪承畴率总兵左光先、贺人龙等合兵十五万北上救援。

十一月初三日，京师闭门自守。初五日，清兵掠良乡、高阳、涿州，趋河间，自入塞分兵四道，一趋沧、淄，一趋山东济南，一趋临清，一趋彰德（今河南安阳）、卫辉。初八日，崇祯帝再次召见文武大臣，商定对策。他不仅为攻防担忧，又思虑粮饷的困乏。就在这个时候，大学士刘宇亮自请视师。崇祯帝大加称赞。可是，不久就以其不尽忠报国予以否定。清兵就是利用这个举棋不定的时机，攻掠定州，进逼景州，城守太监刘元斌躲至德州。十一月初九日，清兵攻高阳，致仕家居的少师、大学士孙承宗率领家人与守城将士登城抵御，寡不敌众，又无人救援，高阳失陷，孙承宗被俘，宁死不降，北望京师，叩头一拜，投河而死。清兵乘胜连陷衡水、武邑、枣强、鸡泽、文安、沙

河、元氏、赞皇、临城、高邑、献县等地，进而兵分三路，一路自易州趋真定
(今河北正定)，一路自新城趋河间，一路自涿州趋定兴，来势猛烈，难以阻
挡。总兵杨国柱、虎大威出战，双方死伤大体相当。卢象升麾下兵不足一万，
战于庆都，杀死百余人，正在寻找可乘之隙，合兵夹击，收到崇祯帝令其戴罪
夹剿的命令，无奈，只好分兵援救兴定，自己领兵趋保定。抵达藁城时，写信
令赞画主事杨廷麟回真定，并请求高起潜发兵相援。高起潜不予理睬。卢象升
率领五千人，孤军奋战，粮饷匮乏，无以为炊，最后战死在巨（钜）鹿贾庄，
身中三刀，跌倒在地，以身殉国，由他率领的这支部队全部覆没。接着，高起
潜部也遭惨败，高起潜只身逃出，才免遭一死。清军乘胜南下，分兵攻陷昌
平、宝坻、平谷、清河、良乡、蓟州、景州(今河北景县)、赵州（今河北赵
县），继续南下，进入山东。侦知济南空虚无备，便从东昌、临清等处渡过运
河，正月初二日到达济南城下。立即发起进攻，沿梯登城，城内守军惊骇逃
遁，济南落入清兵之手，德王朱由枢也成了俘虏，被押送盛京。济南城被焚毁
一空。消息传出，明军纷纷增援济南，副总兵祖宽率三百骑驰援，与清兵力战
而死。大学士刘宇亮、总督孙传庭集兵18万，自晋州前来，祖大寿亦奉命从青
州赶来。此次清兵入塞，历时5个月，深入2000里，历经57战，克城53座，降
8城，败敌33阵，俘获人口47.3万有余，黄金4039两，白银970460两，杀明总
督余，守备以上官100员，济南城破百姓被杀者积尸13万具，赵州城中被杀有
名可记的多达2.25万余人。而在战争中幸免的明将蓟镇总督邓希诏、分监孙茂
霖，顺天巡抚陈祖苞，保定巡抚张填平，山东巡抚颜继祖，蓟镇总兵吴国俊、
陈国威，山东总兵倪宠以及其他别将以下至州县有司，共32人，受到明政府的
严厉惩处，同日处斩。大学士刘宇亮罢官削籍。而清军在这次对明战争中，损
失也是惨重的。左翼统帅岳托及其弟马瞻战死济南，多铎兵至中后所，遭到明
军包围，仅以百余骑突围而出，军兵折损者过半。在返回途中几经辗转，历遭
险阻，虽然返回沈阳，但付出的代价也是巨大的。这便是多铎后来被降其王爵
的主要原因。

崇德五年（1640年）三月，皇太极再次率部向辽西明军发动进攻，企图打通入关的道路。从这时开始，皇太极就派兵对锦州进行围困，锦州守将祖大寿坚决抵抗，拒不投降。第二年，皇太极增派郑亲王济尔哈朗、武英郡王阿济格、贝勒多铎等人率领大批援军加强攻势，用红夷大炮猛轰锦州城，志在必得。祖大寿频频向明朝告急，明蓟辽总督洪承畴为经略，调集东协总兵曹变蛟、山海关总兵马科与刘肇基、宁远总兵吴三桂率兵四万人前往阻击，并且作了长期作战的部署。双方在义州对峙。清军出没于锦州，以阻击松山、杏山的明军。洪承畴以守为战，步步为营，接连击败来攻的清军。

明朝方面，不惜调集北方三边劲旅，出动八总兵即宣府总兵杨国柱、大同总兵王朴、密云总兵唐通、玉田总兵曹变蛟、蓟州总兵白广恩、前屯卫总兵王廷臣、山海关总兵马科、宁远总兵吴三桂，合兵13万，马4万，见清兵屯于锦州东南五里之乳峰山东，便命令部队营于松山与乳峰山之间，构筑工事，骑兵布阵于松山东西北三面，其势直逼锦州。松山离锦州18里。杏山在松山与塔山之间，相距各30里。皇太极闻知，不顾鼻血涌流，也顾不得群臣劝阻，毅然决然地亲率三千精骑，昼夜兼程，六日后到达前线。看到形势十分严峻，便决定将自己所率援军布阵于松山、杏山之间，横截大路，将松山与杏山隔开，以切断明军的后路。

明军发现皇太极出现在松山前线，军心大乱。连续两天发起攻击，没有取胜，士气低落。皇太极估计明军因为缺饷可能连夜撤退，便命令部队在杏山、塔山、小凌河诸口险要处设下埋伏，打个措手不及。而战事的发展正如所料。这天夜里初更，吴三桂、王朴等六总兵带领兵马向杏山、塔山奔来，掉进了清军设下的陷阱。埋伏在这里的清兵，突然发起攻击，在这漆黑的夜晚，明军不辨方向，东奔西跑，马匹相互践踏，弓甲扔得到处都是。正好遇到涨潮，在杏山到塔山的道路上，赴海而死者，不可胜数。吴三桂、王朴仅以身免。洪承畴也落荒逃回松山。这次松山战役，明军死伤53783人，丧失战马7444匹，骆驼66头，甲胄9336副。自是而后，由明朝苦心经营多年的宁锦防线已为清军冲破，松山、锦州、塔山、杏山四城完全陷入清军的重围之中。

九月，清军再次发起对松山、锦州的攻击，增派孔有德、耿仲明、尚可喜运红夷大炮助攻。洪承畴战败退回松山，遭到层层包围。他虽然多次组织突围，未能成功，二月十八日，城陷被俘，送往沈阳，投降了清朝。由于明朝情报传递有误，崇祯帝得到的信息是他以身殉国。为了表达对这位英烈的纪念，遂下令礼部择日设坛予祭，以慰忠魂。于是在北京正阳门外西大士庙建造洪承畴祠，供人瞻仰谟拜。甬东全祖望赋诗道：

松杏沧亡罪岂轻，孟臣分应死危城。

偷生视息非无为，欲报吾生主香精。

关颅业已付欧刀，谁料风云自此邀？

十月功宗醉元老，丛祠只合化僧寮。

后来，得到确信洪承畴没有死，遂改洪承畴祠为奉大士，祭奠就不再举行了。祖大寿困守锦州，粮尽援绝，得知松山失守，三月八日出降。至此，从崇德五年（1640年）三月开始，历时两年的松锦战役，以明军的溃败而告终结。

经此一战，明朝13万大军惨败，守卫东北的精兵良将元气大伤，再加上明朝两员著名的军事将领洪承畴和祖大寿降清，明朝已经无力组织起一支可与清军抗衡的援辽大军。谈迁在谈到明朝兵败松锦时说："九塞之精锐，中国之粮饷，尽付一掷，竟莫能御，而宗社已墟矣。"而皇太极则从这次胜利的战绩中看到了未来的喜悦，对众将说："取燕京如伐大树，须先从两旁斫削，则大树自仆。朕今不取关外四城，岂能即克山海？今明国精兵已尽，我兵四围纵略，彼国势日衰，我兵力日强，从此燕京可得矣。"

崇德七年（1642年）三月，明朝同意与清议和，让兵部尚书陈新甲秘密主持进行。遂派职方郎中马绍愉、兵部司务朱济之等59人前往沈阳进行磋商。

马绍愉是二品官衔。六月，皇太极致书明朝正式提出了议和条件，主要内容是划定国界，以宁远双树堡中间土岭沿海至黄城岛以西为明界，以塔山为清界。以连山为适中地点，进行互市贸易。以东为清界，相互越境妄行者，察出处死。要求明朝每年送给清朝黄金万两，银百万两，清国送明人参千斤，貂皮千张；还规定两国如遇有婚丧大事，须互相遣使庆吊等。马绍愉回京复命，采用书信方式报告给了陈新甲，其主要内容是："绍愉见憨（即汗，指皇太极），讲好索金三十万、银二百万，已许金一万、银一百万，憨尚不肯，决要金十万、银二百万，不从，即发兵，你家所失岂止此数！"不料陈的家僮将这一密件当作塘报发付传抄，言官得知后，纷纷上书抨击他"主和辱国"，朝廷上下舆论哗然。内阁大臣们不肯出来说明真相，崇祯帝不敢公开承认是自己作出的决策，就将责任推给了陈新甲，并将陈下狱，处死。议和也就由此而终止。

这年十月，皇太极再次发动大规模的对明战争。命贝勒阿巴泰为奉命大将军，统率八旗满洲、蒙古、汉军二十四旗将士之半，以及外藩蒙古喀喇沁、巴林、札鲁特等部，共八万余骑，分成两路，向长城以内进犯。在出发前，他告诫将士要注意两件事：一是遇到明朝遣使求和的使臣，要对他们说你们有话应向我君王去说，我们只有接到君王班师的命令才可退兵；一是如果遇上关内的农民起义军，不要误杀，以免结下仇恨。"如彼欲遣使见朕，即携其使来。或有奏朕之书，尔等即许转达来书来奏"，表明企图争取与农民起义军联合共同对付明王朝的愿望。十一月五日、八日，清军分别从界岭口、黄崖口两处进入长城，沿途明守军几乎没有抵御，如入无人之境。一昼夜向前推进百余里。警报传来，明朝急调兵遣将增援，清军已攻克蓟州，分兵南下，一举夺取临清。然后兵分五路，直趋东昌、馆陶，十二月八日，攻占兖州，明鲁王朱以派被俘不屈，自杀。直到崇德八年（1643年）五月，才陆续从墙子岭出关而归。半年间，清兵纵横驰骋河北、山东、河南三省，攻克三府，18州，67县，共88城，俘获人口369000人，牲畜321000余头，黄金12254两，白金2205270余两，珍珠4440两。

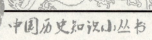

对明战争的节节胜利，使皇太极感到无限欣慰。就在清军正在前线胜利推进的时刻，崇德八年（1643年）八月九日，皇太极终于因病在沈阳清宁宫与世长辞，享年52岁。后葬于昭陵，即今沈阳北陵，庙号太宗，谥为文皇帝。他用自己的毕生精力统一了北至外兴安岭，南至鸭绿江，西至蒙古，东及于辽的广大地区，为清朝向关内发展，夺取全国政权奠定了基础。

皇太极去世突然，生前对于皇位继承没有作出任何的表态与指示，这就必然要引发一场皇位继承的激烈斗争。经过一番激烈纷争之后，出现了一个妥协方案，由皇太极第九子年仅6岁的福临继承皇位，由叔父睿亲王多尔衮、郑亲王济尔哈朗为辅政王，摄国理政。崇德八年（1643年）八月二十六日，福临即皇帝位于笃恭殿，接受群臣朝贺，颁诏大赦天下，宣布正式即位，以明年为顺治元年。经过这次内部调整，关系理顺，清朝内部统一，多尔衮继续实施皇太极进取中原的战略，开始了新的谋划。崇祯帝的日子越来越不好过。

【第二章】

大顺军东进山西直逼北京

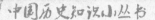

向北京进军是大顺建国后最为重要的一项决策。当然，夺取北京推翻明王朝的主张，并不是这时才提出来的。它是李自成襄阳决策关中北京战略的一个组成部分。这个关中北京战略决策是分两步走的。第一步是先取得关中，建国立业；第二步是夺取北京，推翻明王朝。随着李自成大军北上西进关中，定鼎长安，建国大顺的顺利实现，李自成大军继续乘胜前进，攻打北京，推翻明王朝，取而代之。

# 一　北京进军战略决策部署与实施

**然**而，计划毕竟是计划。由计划变为行动，需要一个过程。此次向北京进军是将既定战略决策付诸实施，落实在行动上。从这个意义上说，向北京进军又是大顺开国后所作出的一项最为重要的决定。

对于这一决策，大顺领导集团似乎没有什么大的分歧，但这并不能说，大顺领导成员中的认识是完全一致的。牛金星在行动上完全服从李自成的决策，并且跟随李自成，为之出谋划策，但他对大顺军夺取北京后出现的结果并不乐观。对天下大局发展趋势的估计，他似乎比李自成等人看得要远一些，不但看到了眼前一片大好的战争形势，更预见到了即将到来的国内复杂局势。此时河南有位老贡生讲述了一段亲身经历的故事：

我家和牛金星是姻亲，他们打下西安城后，我到西安找他求官，没想到他不答应，却说："如今世间方乱，你才力不够，当不好官的！"我不服气，就问他："难道您觉得北伐不能成功吗？"牛答道："明军主力已丧失殆尽，纵有抵抗，我大军一到即破，怎么会不能成功呢？"又问："北京一破，则天下大局亦定，您怎么说我不能当官呢？"牛喟然长叹："我之所以说你才力不够，正在于此啊！你也是读过史书的人，你见过大顺朝这样的君臣吗？有如此之强的实力，却只是为他人作嫁衣裳。没有长远眼光，其势虽强，不过为他人驱除耳！我投身其间，只是为了避祸，前途如何，如今连我自己也把握不住了。我军北上后，你赶快返回家中，千万不要再参与这场祸乱！"我舍不得走，在牛家继续待着。数月后，大顺军回到西安，经营规模颇不同于数月前。我觉得奇怪，又找牛金星询问。牛凄然不语，但呼"奈何"而已。这段时间，牛每入议事，常常经日不出，后来甚至几天都不回家。一天，忽然置酒请我，喝到动情处，叹息道："人生于乱世之中，哪有什么贵贱可言，都是尊报啊！"他指着自己的脑袋道："如今看来，要保住这个家伙是很难了！我在这祸网中，大概还有机会幸免，就算被砍下来悬之市曹示众，也是说得过去的。可你强要陷死在这网中，又何必呢？年轻人啊，不是我撵你，你快换个地方住，遇到变故，也好逃命，能保住自己的脑袋啊！"于是我们两人大哭一场，就此分手。

　　这则材料见于郑濂的《豫变纪略》。这是一则值得注意的述说。从这里可以看出，牛金星对于攻打北京是有自己看法的。他相信攻打北京胜利是没有问题的，但是据有北京后怎么办，能不能守住北京，谁能拥有天下，是个未知数。他在这里所说为人驱除就是替人做嫁衣，究竟是谁，他没有明说，毕竟看到了这一点。至少在他看来，李自成能够夺取北京，但不能真正拥有北京，真正拥有北京的将是他人。这不能不说是有预见性的观察与分析。不知他是否向当时的李自成提出过。然而，富庶的北京，皇城的北京，取代明王朝这个巨大的诱惑，使得正在胜利推进的大顺朝的领导核心不能冷静地思考这些问题，李自成决定亲率主力东进，经山西，直逼北京。

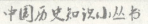

此时，明朝与大顺双方力量对比，已经发生了根本性的变化。大顺军在数量上已经超过了明军，而且士气旺盛，在战略上居于主动地位。适应攻打北京的需要，以李自成为首的领导集团决定集中优势兵力，分进合击，夺取北京。所谓集中优势兵力，就是聚集大顺军的主要力量，出动主要的将领，由李自成亲自率师前进，从征的有大顺军武官之首的刘宗敏，以及李过、李友等主要将领，大顺中央政府中的要员也都随之以行。

在兵力部署上，兵分两路，一路由李自成、刘宗敏统率，东渡黄河，进入山西，攻取太原、宁武、大同、宣化、居庸关，进抵京师；另一路由刘芳亮率领大顺军，沿黄河北岸进军，先占领河南北部三府，而后由南而北推进，攻取保定，会师北京。李自成部是主力，担任主攻，刘芳亮是偏师配合，先扫清北京的外围，切断北京与外界的联系，对北京实行包围。在做法上，以军事进攻为主，采取军事进攻与政治瓦解相结合，大力动员民众支持战争，号召军中将士发扬连续作战的作风，不停顿地进攻。大力开展招降工作，争取明朝官兵的归附，继续实行传牌制度，每到一地，在发兵攻打之前，先遣牌至，向守城官民及将士宣布大顺军的政策，仁义之师所到之地，不淫妇女，不杀无辜，不掠资财，所过秋毫无犯。但兵临城下，不许抗违，第一铳要印官出迎，第二铳要乡绅投服，第三铳要百姓跪接。如关闭城门，上城拒守，攻破之日，尽情屠戮，寸草不留。同时将攻城略地与地方政权建设相结合。一方面既重视军事上进攻，快速推进，消灭明军在各地的有生力量；另一方面注意扩大占领区域，特别是南线作战部队，在由南向北推进时，不是单线直进，而是横扫豫北、冀南各个州县。在攻取之后，按照大顺政府的地方建置原则，立即组建府州县地方政府，委官管理，并且留兵防守。

李自成在进军北京过程中，十分重视舆论导向的作用。派出将士深入明朝占领区的军民中广泛开展宣传鼓动，又通过发布文告的形式，宣传大顺军的战争政策，以及大顺军的除暴恤民，为民除害的各项政策，并将工作的重点放在北京城内。元宵节是中国人民的传统节日。北京人更是注重这个节日。从正

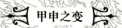

月初八开始，直到十八日，都是人们欢度佳节的日子。虽然大顺军已经挥师东进，但京城里人们依然沉醉于节日欢庆的气氛之中。守城官兵亦与广大市民一样欢度佳节。九门大开，不加提防。每天都有川流不息的人群出出进进。大顺军利用这一时机，装扮成各种人员，夹杂在行人中，进入城内。有的扮成富有的商人，拿钱买官，入城之后，遍布城内大街小巷，深入到官署与士民当中，宣传形势，宣传大顺的迎闯王、不纳粮的政策。他们奔走于京城街巷，广泛传布大顺军的信息，或则混入到守城的军兵当中，动员军兵放下武器，停止抵抗；或则收集城内防守情报，掌握城内的防守部署，及时传递给李自成。

## 二 李自成亲征与永昌诏书

向北京进军是在李自成直接参与、亲自指挥下进行的。他在出师之前，先派出由李友、白鸠鹤率领的部队2万人出行。这支先头部队的派出，一个重要原因或者说重要任务，就是要具体地探明明朝在山西方面的兵力与防守情况，以便作出最终的决策部署。

十二月十二日，李自成命令先遣部队从西安出发北上至三原，十三日至富平，十六日到达韩城，准备择机渡河。

山西与陕西只是一河之隔。黄河在山西境内长达2000余里，是上天为山西设置的天然屏障。由于河岸线长，特别是冬季十二月至正月上旬黄河冰封时期，人们乘坚冰随时可渡，随地可渡，因此，黄河防守任务十分艰巨。不仅委派要员专门负责，同时又将黄河防务作为山西巡抚的职责之一。蔡懋德是崇祯十四年（1641年）十二月，擢为右佥都御史巡抚山西的。对于黄河防守以及禹门渡口的重要性也是有清醒的认识的。他在十一月二十一日曾经明确指出："今日防河，即所以防全晋，防晋即所以卫神京，关系安危最大且急。"十二月一份塘报稿里曾说："伏乞天语，严敕督抚镇道专意督率河防，勿使一瑕可乘。贼势飘忽无常，侦探宜灵，多方鼓励勇敢入秦远哨，毋徒本下不敢深入为辞，致误军机。"高翔汉在题本中说：更有可虑者，盖晋中所恃黄流一带耳。万一贼兵刻下渡河，晋中无可恃，其地崩瓦解之势与臣乡不同。所谓不同，就是人心动摇而天下事难言矣。为了加强黄河防守，防止大顺军渡河东进，在军事上作了相应的部署，实行分段把守，并增派副将熊通率部2000人到达河上。按照新的部署，巡抚蔡懋德同时负责山西黄河下游的防务。为了落实防守任务，他领3000人来到平阳（今山西临汾）视察并部署防守事务，并且责成有关将领防守河津。居住在太原的晋王朱求桂听到哄传李自成的大军要攻打太原，惶惶不安，便与巡按汪宗文商议，驰书蔡懋德，要他赶快返回太原。他以2000人分守汾州、平阳。十八日，他带着标兵千人离开了平阳，返回省城，将平阳的防务交给了守卫平阳的副总兵陈尚智。

此时黄河冰封，为大顺军先遣部队渡河提供了便利。就在蔡懋德离开平阳的当天，大顺军在船窝（又叫沙窝）成功地渡过黄河，攻克河津。二十三日，夺取平阳，明知府张璘然弃城而逃，吏民皆降。陈尚智慑于大顺军的威力，拥兵逃入泥潭山中，四处抢掠。受封居住在这里的河西王朱新甄及宗室三百余人全部被俘杀，乡绅申嘉言逃跑，大顺军通过他的家奴得知他的去处，将他擒获，没收其家产后处死。这天夜半，镇守蒲州（今山西永济）的明将高杰闻知平阳失陷，便自蒲州东走，先至泽州(今山西晋城)，后向济源，途中恣意掳掠。平阳失守，在山西引起巨大震动。山西巡按御史汪宗文为逃避责任，先发制人，上疏纠劾蔡懋德，说山西黄河两千里，平阳居其半。抚臣懋德不待春融冰泮，十八日返回省城太原，二十日贼渡过黄河。他应兼程回平阳，招集陈尚智叛兵，移檄各路防兵援剿，而他却不发一兵。二十八日至省，"臣力言宜提一旅星驰，张疑声讨，尚冀桑榆之收，无如不听何！"从而造成余郡皆失。《平寇志》的作者彭孙贻评述此事说："蔡懋德以数千人填禹门之险，悉甲拒之，犹惧不克济，乃返兵太原，令陈尚智偏师扼之。平阳之师方旋，而泥潭之师忽溃，禹门渡而三晋无可凭之阻，误封疆而危社稷，懋德罪可追乎！"由于这一缘故，崇祯帝降旨追究责任，蔡懋德被解任听勘。

平阳西南俱界黄河，东引泽州，北阻汾阳，是太原的门户。先头部队顺利渡河并一举夺取平阳，表明明朝山西军事防守空虚。大顺军在据有平阳后，一方面将出师以来的情况及时地报告给了李自成，另一方面以倡义提营首总将

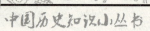

军的名义发布檄文，公开申述大顺军东征的目的与政策：

倡义提营首总将军为奉命征讨事。自古帝王废兴，兆于民心。嗟尔明朝，大数已终。严刑重敛，民不堪命。诞我圣主，体仁好生，义旗一举，海宇归心。渡河南而削平豫楚，入关西而席卷三秦。安官抚民，设将防边，大业已定。止有晋燕，久困汤火，不忍坐视。特遣本首于本月二十日，自长安领大兵五十万，分路进征为前锋。我主亲提兵百万于后。所过丝毫无犯。为先牌谕文武官等，刻时度势，献城纳印，早图爵禄。如执迷相拒，许尔绅民缚献，不唯倍赏，且保各处生灵。如官兵共抗，兵至城破，玉石不分，悔之何及！

这是大顺军东征先遣部队发布的一份文件，也是大顺发布的有关东征的第一份文件。发布人是倡义提营首总将军，后人多以为是刘宗敏，但在其他有关记载中没有见到有过这样官衔的称号。"我主"指的是李自成。这里公开宣称："嗟尔明朝，大数已终。"就是说明王朝已经到了尽头，无可挽回。申明东征的目的，是不忍坐视久困汤火的民众。告诫明朝文武官员要审时度势，献城纳印。这篇檄文，文字通俗明白，在民众中很有一些影响。

大顺军参与东征的部队究竟有多少？这里说"本首""统兵五十万"，又说"我主亲提兵百万于后"，合起来，就是百五十万。这是我们在李自成自身材料中所述说的进军北京出动部队的人数。也有材料说，大顺军进军北京的部队是百万人，还有的说是40万人、50万人的。实际上没有那么多。李自成在襄阳建立军政府时，建立军制，据载有军兵60万人。大顺在西安建国时，军队有所增加，不少材料中说李自成有马兵60万，步兵40万，合起来是百万人。这是实际军兵人数。包括野战军和地方军两大部分。参与东征的，是大顺军的野战部队，是大顺的主力，但不是大顺军全部。从有关记载来看，大顺军东征部队的人数当在20万左右。因为向北京进军，故意将自己的兵力说得多一些，这也是常见的一种策略，目的自然是为了收到震慑的效果。

先头部队旗开得胜，捷报传来，李自成兴奋异常，于是决定让权将军田见秀以及李自成夫人高氏和六政府中一把手尚书官留在西安，他亲率20万大军起行。正月初八日，由西安出发，开始了东征之行。随同出征的不仅有军中主要的高级将领，还有大顺新朝的中央政府中的侍郎等要员，如宰相牛金星、军师宋献策以及顾君恩、喻大猷、宋企郊、巩焴、张璘然、李振声、杨玉林等六政府官员。还有秦王朱存枢、韩王朱亶塉、庆王朱倬催也随之以行。

这时山西与陕西之间黄河河段仍然在明朝控制之下，严河防守备始终是明朝设防的重点地区。大顺军先遣队渡河东进，引起了明朝的警觉，崇祯帝责令守河将领忠于职守，严加防范。为了保证装备齐全的20万大军渡河，李自成进行了周密部署，动员全军将士做了充分的准备。既要有足够的兵力，猛烈的炮火压倒明军，击溃明朝守河部队，确保军队渡河的安全，又要抓住最为有利的时机，使东征大军能够安全渡河。所谓最好的时机，自然是在黄河冰封时期，乘坚冰而渡，农民军在这方面已取得了成功经验。若是黄河冰冻层薄上面不能承重，那就必须采用船渡，首先要解决船的问题。有记载说，李自成在沙窝口造船3000艘，又收取民船万余艘。可见准备工作做得相当充分。

李自成将横渡黄河的地点选在禹门。在李自成的周密部署下，军民齐心协力，20万大军，乘黄河冰封之机，在禹门顺利有序地渡过黄河后，所向披靡，几乎没有遇到什么阻力，就占据了蒲州、猗氏、闻喜、绛州（今山西新绛），垣曲知县会同生员乡民于稷山迎递降表。当时的形势，正如吏部的奏报中所说："秦寇窥渡，三晋披靡，贼骑未到而城池以空，伪檄方传而人心胥乱。"鉴于各地官民倡逃成风，正月二十日，崇祯帝连续发出两道谕旨。一道是制止倡逃。说寇患地方，人心不固，闻警逃避，法纪荡然。其倡逃者，不论宗室、官绅，立行拿问。另一道是表彰急公倡义之举。说畿南震邻、紫马、龙固等关，极宜加强守备，要以一贼不入为功，倡义急公者，奏闻纪录。同时任命郭景昌以右都御史巡抚山西，接任蔡懋德出任山西巡抚，任命御史金毓峒监军山西。为了鼓舞军民士气，特意让西洋人汤若望随金毓峒前往，以便加强山西军队的火器生产与装备。然而，"寇所至多开门迎降，结寨反拒官兵"已成为事实。

二月，大顺军在李自成的指挥下迅速向太原逼进。河曲县胥吏抢夺官印献给李自成，静乐县民热烈欢迎大顺军入城。二十六日，大顺军完成了对太原的包围。原在陕北的李过这时也按照大顺军的部署抽调部分兵力，由葭州渡河，沿河邀击防守黄河的官兵，以绝太原之援。

太原东控井陉，南接沁水，接壤平阳，西北邻延绥，是山西省会，也是明朝重兵把守的战略要地。太原城内，守兵不多，人心慌乱。巡抚蔡懋德伙同傅山炮制了一份帖子，大肆诬蔑农民军杀戮甚惨，又编造"马在门内难行走，今年又是弼马温"的谣言，以此来稳定军心和民心。傅山为着保护家乡不被大顺军占领，急向屯驻在保定的督师李建泰求助，一日夜跑了五百里，来到保定，请求李建泰火速出兵援救太原。傅山不知道李建泰也有自己的苦衷，所谓为代朕督师，只不过是个虚名，他既没有这个胆，手下也没有多少兵马，躲都躲不急，哪还敢主动出击！他不敢答应，可又不直说，故作镇静地说：太原城坚民勇，"贼不能遽破，吾姑坚壁，俟贼至太原，兵既接，吾乃以轻兵袭其后。粮道绝，腹背受敌，即旬日可破也。不宜速进"。傅山很不满意这番说辞。当即辩解道："太原北倚重关，南控汾、辽。其下，兵犹建瓴也。公疾抵城下，内外相犄角，则其势益壮。诸将见公文臣不畏贼，宜皆至。南面诸州县虽破，全晋之势固在也。方今贼虽锐，得于速战。公但坚壁保太原，太原固，天下事尚可为。若贼乘虚而入太原，内无兵，外无援，其势必破。太原破，则神京之西臂折，而大势去矣。"言辞恳切，建泰全都听不进。傅再三恳求，终无效果，气得痛哭流涕，含愤而去。新任巡抚郭景昌并不为这一荣升任命而高兴，他来到固关，听到大顺军破州克郡，所向无敌，便停止了脚步。三边总督余应桂亦按兵不动，观察形势。蔡懋德虽然被解职，但新任巡抚还未到达，太原就被包围了。他继续同布政使赵建极等人谋划守城事宜。李自成遣人持牌至城下招降。蔡懋德击碎招降牌，擒斩劝降来使。

李自成来到太原城下指挥攻城。蔡懋德遣标下骁将朱孔训、牛勇迎击，朱中炮身受重伤，牛当即战死，军士皆没。晋王朱求桂拿出3000两银子，送到城头上，散给守军兵。初七日，狂风大作，拔树揭瓦，至夜风愈刮愈大，势若轰雷，彻夜不停。农民军乘势发起猛烈进攻，将云梯靠近城墙，率先夺取了南关。大南门守将张雄缒城出降，吩咐同伙放火烧毁城楼。东南城上一堞楼内贮火药数十笼，还有火堆、火箭、灰瓶、火石等物，五鼓时分，库存火药爆炸，霹雳之声，轰震全城。太原卫千户陈嘉琦及其弟陈嘉贵均为大火烧死。四城守堞兵望见城楼火起，以为城已失守，便一哄而散。初八日黎明，大顺军由南门入城。中军副总兵应时盛持矛巷战，掩护蔡懋德突围，未遂，两人退至三立祠，这里曾经是他讲学的地方，而今却成为他的葬身之地。蔡力竭被俘悬梁缢死，应亦缢死于蔡身旁。山西布政使赵建极，巡宁道毕拱辰，守宁道毛文炳，指挥刘秉铙、马负图、韩似雍，督粮道蔺刚中，太原知府孙康等地方官被处死。晋王朱求桂逃出城外，被追回，投降了农民军。李自成将他留在军中。山西提学副使黎志升以及文士韩霖被俘后归附，李自成当即予以任用，让黎主持考试。太原是山西省会，有分析家说：太原既下，其目中已无燕京矣。李自成在太原停留八天，发布了著名的《永昌元年诏书》。

上帝鉴观，实惟求瘼。下民归往，只切来苏。命既靡常，情尤可见。粤稽往代，爰知得失之由序；鉴往识今，每悉治忽之故。咨尔明朝，久席泰宁，寖弛纲纪。君非甚暗，孤立而炀蔽恒多；臣尽行私，比党而公忠绝少。甚至贿通官府，朝端之威福日移；利擅宗绅，闾左之脂膏罄竭。公侯皆食肉纨绔，而恃为腹心；宦官悉龁糠犬豚，而借其耳目。狱囚累累，士无报礼之心；征敛重重，民有偕亡之恨。肆昊天既穷乎仁爱，致兆民爰苦于灾祲。朕起布衣，目击憔悴之形，身切痌瘝之痛。念兹普天率土，咸罹困穷；讵忍易水燕山，未苏汤火。躬于恒冀，绥靖黔黎。犹虑尔君尔臣，未达帝心，未喻朕意。是以质言正告：尔能体天念祖，度德审几，朕将加惠前人，不吝异数。如杞如宋，享祀永延，用彰尔之孝；有室有家，民人胥庆，用彰尔之仁。凡兹百工，勉保乃辟，绵商孙之厚禄，赓嘉客之休声。克殚厥猷，臣谊靡忒。唯今诏告，允布腹心。君其念哉，罔恫怨于宗工，勿贻危于臣庶。臣其慎哉，尚效忠于君父，广贻谷于身家。永昌元年谨诏。

这是大顺政府向明政府发出的最后通牒，也是动员军民推翻朱明王朝的宣言。在这里，指斥明朝黑暗腐朽，申明新朝取代明朝的合理性，正告明朝官绅要审时度势，服从新朝的号令，言辞恳切，极具感染力。这里提出"君非甚暗"，自然是对崇祯皇帝而言的，且是经过慎重考虑的，这与先前在黄州发布文告里指斥"昏主不仁"，似乎有所缓和。大顺军正在以排山倒海之势，向北京进军，推翻明王朝，但并不认为崇祯皇帝就是一位极端昏庸黑暗的皇帝，也多少看出李自成等人的心思与意图，这与一个月后兵临城下，派杜勋作代表进城同崇祯皇帝谈判，不是没有联系的。至于说此诏是否出自张麟然之手笔，细说明白，也有必要，但这一点并不重要，因为它所表达的不是张某个人的意见，而是李自成与大顺军将士的心愿，像这样的文件从酝酿到形成文字到发布，一定要经过一些程序，只有为李自成同意才能发布的。这一文告在民众中引起了巨大的反响。明科臣韩如愈上书陈述此事，崇祯帝批示：都城守备有余，援兵四集，何难克期剿灭。敢有讹言惑众，私发家卷出城，捕官即参奏正法。

在太原，李自成又重申加强军队纪律，禁止乱杀，禁止侵犯百姓利益，强调杀人偿命，凡过城邑，士卒不得住进民房，除妻子外不得携带他人妇，马有腾入田苗者斩。注意加强地方政权建设，在占领区设立府、州、县政府机构，通过招降明朝官吏与举行考试选拔人才的方式，招揽人才，并派遣他们到河南、山西等占领区任职，管理地方政事。这些新任命的官员，遵照大顺政府的指令与政策，没收官府的财物，逮捕官绅，对他们进行追赃，其所得，主要用于军饷，也拿出一部分来赈济贫苦民众。处在水深火热之中的民众看到大顺军发布的文告，听到社会的传闻，无不欢欣鼓舞，士民苦征输之急，纷纷乘机驱逐旧官，焚香迎接若狂。一些明朝命官眼看大势已去，见到大顺派去的官员，设宴交代后自动离去。

崇祯帝为这种局面的出现，感到恐惧而又无可奈何。二月十三日，他再次下罪己诏，说：

朕嗣守鸿绪，十有七年，深念上帝陟降之威，祖宗付托之重，宵旦兢兢，罔敢怠荒。乃者灾害频仍，流氛日炽，忘累世之豢养，肆廿载之凶残。赦之益骄，抚而辄叛。甚至有受其煽惑，顿忘敌忾者。朕为民父母，不得而卵翼之；民为朕赤子，不得而怀保之。坐令秦、豫丘墟，江、楚腥秽，罪非朕躬，谁任其责！所以使民罹锋镝，蹈水火，殍食坎窨，骸积成山者，朕之过也。使民输全挽粟，居送行赍，加赋多无艺之征，预支有称贷之苦者，朕之过也。使民室如悬磬，田卒污莱，望烟火而无门，号冷风而绝命者，朕之过也。使民日月告凶，旱潦荐至，师旅所处，疲瘵为殃，上干天地之和，下丛室家之怨者，朕之过也……用是大告天下，痛加创艾，深省厥愆。要在惜人才以培元气，守旧制以息烦嚣，行不忍之政以收人心，蠲额外之科以养民力……至于罪废诸臣，有公忠廉能，才尚堪用者，不拘文武，吏、兵二部确核推用。若草泽豪杰之士，有能力恢复一郡一邑，便与分官世袭。即陷没胁从之流，有能反正率众来归者，准予赦罪立功。若能擒斩闯、献，仍予通侯之赏。呜呼！忠君爱国，人有同心；雪耻除凶，谁无公愤！缅怀列祖之厚泽，助成底定之大勋。思克厥愆，历告朕意。

这一诏书与大顺永昌诏书形成了对照，可以说是对大顺永昌诏书的回应。这里一连用了四个"朕之过"，认罪之心不能不是出自内心，但他并不甘心，还在继续挣扎，并发出恢复大明一统江山的号召，重申悬赏赏格，"有能力恢复一郡一邑，便与分官世袭"。有协从来归者，赦罪立功，有能擒斩李

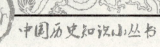
自成、张献忠者，仍予通侯之赏。李自成指责他："征敛重重，民有偕亡之恨。"他似乎不否认这一点。然而直到这时，他还不肯宣布取消各种加派，按照他的逻辑，征敛重重都是为了百姓，他要百姓们理解他的苦衷，而不是以自己的真诚行实政于民，解除民众的痛苦，如此的罪己怎能取得民众的信赖、同情与支持呢！

# 三　北克宁武，夺取大同、宣府

按照明朝大臣们的估计，李自成攻下太原后，会采用避实击虚的策略，直接去打北京。而不会北上去打大同、宣府，因为那里明朝驻有重兵，有明以来，历来是设防的重点地区。畿南保定一带防备相对较为薄弱。而李自成的军事部署，却与此有很大的不同。在太原，李自成对下一步军事行动重新作了部署，没有放弃东进攻取真定（今河北正定）、保定的打算，派大将任继荣、马重禧等带领一支小部队东出固关，去打真定，将用兵的重点放在北上攻打大同、宣府上。他与刘宗敏率领大部队北进，并且亲临前线指挥，先去攻打宁武、雁门，这是因为，宣府、大同是战略重地。《罪惟录》的纂修者查继佐说："若以地之轻重而论，诸边皆重，而蓟州、宣大、山西尤重，何则？拱卫陵寝，底定神京，宣大若肩背，蓟晋若肘腋。"明朝在此布有重兵。诚然，逾太行，夺取真定、保定，直接去打京师，路途上较近，但镇守在宁武、宣府、大同的兵力就会南下增援京师，出现内外受敌的局面。所以，李自成在夺取太原后，为了确保夺取北京的胜利，毅然率领主力部队北上，歼灭晋北的守敌，消灭明军的有生力量，坐困京师。李自成的这一决策，出乎明朝君臣的意料。正二月间，明朝将设防的重点摆在北京到保定一线。代帝出征的李建泰驻在保定，虽然他不具实力，可也足以表明了明朝的用心。

十六日，大顺军抵达忻州，明朝守城官开门迎降。进至代州（今山西代县），遭到镇守山西兼关门、代州、三关总兵周遇吉的阻击。周遇吉是辽东锦

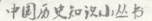

州卫人。他的夫人刘氏，蒙古人，骁勇异常，手下有胡妇20人组成的女兵，个个都是骑射精捷的能手。周遇吉率领军民凭城固守，大顺军试图通过刘氏的哥哥将招降书送给周遇吉，周遇吉大怒，并将妻兄杀死。双方展开激战。农民军伤亡近万人，积尸几乎与城墙平，后李自成调集大军增援，周遇吉兵少食尽，方才退居宁武关。

宁武是三晋门户，是北疆内长城的三关之一，介于左边偏关，右边雁门关之间，在三关中地位尤为重要，这里是明三关镇守总兵驻所所在地。关城始建于明景泰元年（1450年），在成化、正德、隆庆年间，均有修缮。关城雄踞于恒山余脉的华盖山之上，临恢河，俯瞰东、西、南三面，周长2公里，开东、西、南三门。成化二年（1466年）增修之后，关城周围约2公里，基宽一丈五尺，顶宽二丈五尺，墙高约三丈，城东、西、南三面开门。成化十一年（1475年)，由巡抚魏绅主持，拓广关城，加辟北门，起名为镇朔城，关城周长7里，城墙高大坚固，四周炮台、敌楼星罗棋布。弘治十一年（1498年），关城又加以扩展为周围约3.5公里，城墙增高5丈，并加开了北门，万历三十四年（1606年)，将土城改用砖包砌。

二十日，李自成军到达宁武，发出通告，五日不降就屠城。宁武守军只有4000人。在周遇吉率领下拼死搏斗，同时飞章告急。请求大同巡抚卫景瑗发兵增援，卫景瑗命姜瓖率部前往营救，姜瓖怯战，按兵不动。周遇吉孤军奋战，号令将士力战固守，燃放大炮，四面轰击，并不时派兵出击。大顺军采用穴城、炮轰、梯冲等方法，明攻暗袭，城墙几次被炸开，守军立即用麻袋草囊装土堵实，修补完好。在这场激战中，大顺军四员猛将战死疆场。大顺军一度误入周遇吉设下的埋伏，处于进退两难的困境。这时，李自成接受部下建议，重新部署兵力，进行轮番猛攻，战士有进无退，最终摧毁了周遇吉的防线。第二天，拿下了宁武。大顺军入城后，周遇吉骑马挥兵巷战，马蹶摔下，徒步格斗，身负重伤，力竭被俘。大顺军将他缚悬在高杆上，用乱箭射死（也有说自刎而亡）。他的夫人刘氏，此时也投入了战斗，登屋而射，农民军纵火烧了她的住宅，家属全被烧死。胡妇20人冲出在城内展开巷战，最后矢尽，投入烈火之中。宁武兵备副使王孕懋全家自杀。三月一日，大顺军冲进关城，实行屠城。大顺军入北京后，李自成曾说：若使所至都像周遇吉那样，殚忠尽力拼搏，我们哪能至此？宁武之战是李自成进军北京途中遇到唯一的顽强阻击，前后只有一天，战斗异常激烈。大顺军不怕牺牲，以优势兵力和猛烈炮火，摧毁明朝在宁武设立的防线，夺取宁武，严惩了负隅顽抗的周遇吉，对京畿地区的明朝守军有着极大的震慑作用。刘尚友在谈到宁武之战时说："周镇遇吉守宁武关，力战奏捷，大为吐气。贼以阴计破之，遇夫妇犹率兵巷战，因举家遇害。呜呼！自遇吉死，势已不可为也。"也有人评论说："都督不死，宁武不除；宁武全，贼虽得太原，能出三关而尽犯宣大乎？"自此而后，大顺军在山西所遇无劲敌，向北京推进如入无人之境。

就在大顺军攻克宁武这天，崇祯帝决定起用宦官到各镇充当监军：高起潜总监山海关、蓟州、宁远；卢维宁总监天津、通州、德州、临清、天津；方正化总监真定、保定；杜勋总监宣府；王梦弼总监顺德、彰德；阎思印总监大名、广平；牛文炳总监卫辉、怀庆（今河南沁阳）；杨茂林总监大同；李宗先监视蓟镇中协；张泽民监视蓟镇西协。这是于军队管理系统之外增设的一级特殊管理体制。太监常年生活于深宫中，服务于宫中，根本没有什么实战经验，更不具备实战指挥才能，如今授权他们前往各镇，凌驾于大将之上，只能导致军队指挥系统混乱，瓦解军心。兵部尚书张缙彦以一时增设内臣10员，不唯物力不继，有失体统；抑且事权分制，大悟封疆为由，提出反对意见，崇祯帝没有理会。

这天深夜，大同总兵姜瓖派人送来降表，李自成喜出望外，设宴款待来使。宴会刚开始，又有人来报，宣府总兵王承胤的降表也送到军前，并派出100名骑兵，前来迎接。李自成优礼答报二位来使，并向诸将发出继续东进的命令。

大同是山西军事重镇，京师之藩蔽也，也是明朝军事设防的重点地区。

由于战略地位重要，明朝在此设立巡抚、总兵驻军镇守。城中代王朱传炜和巡抚卫景瑗图谋抵抗。榆林总兵姜让在榆林城陷时降于大顺。姜瓖是让的弟弟。李自成为了争取姜瓖，就派姜让前往大同劝弟弟投降。姜瓖见大顺军来势迅猛，锐不可当，不想为明朝统治者卖命。在姜让的说服引导下，姜瓖就在大同城内积极筹划力量，为配合李自成进城做准备。他首先听取其兄的计策，以奖励士兵固守城池为名，让代王拿出库存银子、布匹分给士兵，取得士兵的信任和拥护。其次是把大同的兵权掌握在手中。当时，大同防守的权力掌握在巡抚大同的右佥都御史卫景瑗手中，其人竭力维护朱明王朝，妄图背城一战。姜瓖采用离间计，制造卫景瑗与代王之间的矛盾，让部下大造舆论，说卫景瑗是陕西人，和李自成暗中有来往，将要叛变等。代王信以为真，对卫顿生疑心，便疏远了卫。正巧卫景瑗得了脚疼病，很少出门理事，于是，代王便委权于姜瓖。姜瓖控制实权后，以加强城门防守为名，在四个城门，各派出自己的200名亲兵守卫，把代王监视起来，等待时机，以便行动。

三月初一，大顺军来到大同，守城军兵不愿意为朝廷卖命。此时，大同城北关、东关、南关三个附城，城高防守较严，如果从这三个附城进攻，一定会造成较大的损失。姜瓖暗中与李自成联系，让农民军选择没有附城的西城门作为突破口，这里虽有代王亲信永庆王坐镇把守，但守城的士兵已为姜瓖所控制。所以，大顺军一到西城门，守兵随即杀死永庆王，并将城门打开，迎接大顺军入城。城内的守军还不知道李自成军已经进城。卫景瑗闻知，惊恐万状，吓得从马上掉下来，被农民军俘虏，押送到李自成住地。大同巡抚卫景瑗被俘。李自成诚恳地同他谈话，说：我本是米脂县一个普通百姓，今日至此，由于天命。你是个好官，你降后仍任大同巡抚。李等了三天，没有见卫的表态，便爽朗地说：你是真忠臣，我可以派人护送你回老家。卫提出快将我杀掉。李回答说：我决不会杀你。卫跑到海会寺自缢而死，李自成得报，送去50两银子，并派人将卫的灵柩送回韩城老家。大顺军很快占领了大同。总兵朱三乐自刎而死，户部郎中徐有声、朱家仕等死于乱军之中，李自成为民申冤，杀死代王朱传㷂及其手下的一群官僚，开仓放粮，救济穷人。姜瓖在农民军攻打宁武时，曾率部增援，李自成见到姜瓖来降，便直言不讳地问道：你身为朝廷要害镇守，为何投降？姜没有回答。张天琳似乎有所觉察，当即对李自成说：欲定京师而首杀降者，怎么能劝人归顺呢？不如将他释放，以便招降官绅。李自成也认为这样更为合适，遂既往不咎，让、瓖兄弟二人颇受感动，表示甘愿为大顺效力。瓖对张感激不尽，叩谢。张道："国家创业，招徕固应如此，何敢当谢。"

李自成在大同六日，进行了短期休整，处决了代王朱传㷂及代府宗室，留部将张天琳率兵戍守，于初七日，起兵前往宣府。

阳和（今山西阳高县）是宣大总督的驻地。宁夏总兵葛汝芝兵败逃回也在这里居住，手下有家丁300余人。大顺军在向阳和进军时，姜让再次请求充当向导，劝其弟瑄投降。面对大顺军的到来，宣大总督王继谟约集城内绅士商议守城事宜，与会者没有一人发言。而城内军民却在准备迎接大顺军。他在给朝廷的题本中说："该臣见得阳和将士人民俱欲迎贼，出示严戒，惕以军法，而犯迷终不可解。"为了给部下鼓气，他在关帝庙召集全城文武官员歃血盟誓，慷慨陈词，声大而激昂，洒泪倾肝，而军民却无动于衷，他属下的将领们也各自有打算，暗中与大顺军联系，约定如何迎接，使他感到自己一时身处于另一个世界。在这无可奈何之际，他想带领亲丁百余人护送库银一万余两逃回京师。不料刚走到天城卫，驻守在这里的明军突然奋起，进行拦截，众兵呐喊震天，将其好马及饷银全都夺去，并带着这些战品前去投向了大顺军。这位总督一方的明朝大员不胜感慨，哀叹道："看此时候，无一兵一将一民不反面向贼。臣茕茕孤身，止有归命于皇上而已。"崇祯帝阅后气急败坏，在此作出批示："王继谟奉旨援云（今山西大同），此时正当推诚鼓众，奋励图功。据奏兵将溃散，不服调遣，平日料理安在？姑著戴罪收拾兵将，立解云围。不得饰词规避，以干大法。"此时大同已为大顺军占据数日，王继谟已是泥菩萨过河，自身难保，叫他"收拾兵将，立解云围"，岂不是痴人说

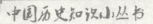

梦！阳和兵备道于重华见大势已去，便主动请降。为了表示诚意，他亲自出城十里迎接大顺军，士民牛酒塞道。李自成夺取阳和后，以姜瑄守之，自己率领主力去打宣府。

十二日，大顺军到达宣府（今河北宣化）。宣府巡抚朱之冯在城头命令军士发射红夷大炮轰击大顺军，有记载说："军士抱手默然无动者。盖一切大炮之火线已绝其火，门已俱塞实，不能发矣。"朱之冯无奈自己出来燃火发炮，军士纷纷起来拦阻，不让他点燃。进而一齐跪下叩头道："愿中丞听军民纳款，全一城性命。"就在此瞬间，大顺军登上了城，军兵们怕他负隅顽抗，就你推我拉，将他挤下城去。朱之冯急得仰天大哭。哀叹：人心离散，一至于此。他匆匆写下遗书给崇祯帝，劝圣上收揽人心，培养气节，并从军校手中夺刀自刎。这时，分守南城的监视太监杜勋和总兵王承胤暗中派人前往大同向大顺递表投降，并且与大顺军秘密沟通，接应先头部队千人潜入宣府作为内线。王承胤欲缚巡抚朱之冯以献，未遂。大顺军一到，他当即打开城门。大顺军从南门入城时，满城结彩，百姓焚香跪接。李自成巡视时，王承胤"跪之前称贺"，面有德色。李自成对他这种自矜功伐颇不以为然，当面问道：这里是谁家的城？王承胤惊恐不安，无言以对。杜勋是崇祯帝心腹太监，投降后受到李自成的重用。奇怪的是，奏报给崇祯帝的信息，居然是以身殉国。崇祯帝为这位心腹之死深表惋惜，当即谕令：杜勋骂贼身死，忠勇可嘉，赠司礼监太监，立祠宣府，有司春秋致祭，荫弟侄一人，与锦衣卫堂上官。几天后，居然在宫中见到杜勋作为大顺谈判代表出现在自己眼前，他似乎也不以此而感到怎么尴尬。

大同、宣府是明朝设立九边中的重镇，是北京屏障。而今相率归顺于大顺，除掉了屏障，解除了进军北京的顾虑。正如此时明兵部车驾司主事金铉在奏疏中所说："盖逆贼欲犯京师，诚虑宣、云重镇……是以欲先取宣、云，然后与畿南贼合股，并力以逼王畿，无所更为顾虑。"

大顺军进入宣府的当天，崇祯帝再次下诏罪己，宣布取消三饷加派，诏书中说："朕承天御宇，十有七年，日夜冰兢，思臻上理。调兵措饷，实非得已。三饷并用，久无成功，本欲安民，未免重累，朕之罪也。"在这里，明确宣布："今与尔士民相约，剿饷已经停止，召买悉行蠲免，私惩滥罚，密访拿问。"同时放宽对农民军的政策，除李自成罪在不赦外，伪官伪将，有能斩渠献城，即予通侯之爵，万金之赏。他如牛金星、喻上猷、李振声、杨永裕、刘宗敏、田见秀、罗戴恩、杨彦昌、谷可成，身陷贼庭，如能伺隙反正，悉赦前罪，各复原官。这与大顺军同一时期发布的文告相比，可以看出陷于窘境的崇祯帝无论怎样表白，都无法洗去因自己决策失误而造成的严重社会后果。

大顺军迅速向北京合围。围绕军事进攻展开的宣传鼓动，也生机勃勃，当年一份明朝的塘报中说：大顺军"到处先用贼党扮作往来客商，四处传布，说贼不杀人，不爱财，不奸淫，不抢掠，平买平卖，蠲免钱粮，且将富家银钱，分赈穷民，颇爱斯文，秀才迎者先赏银币，嗣即考校，一等作府，二等作县。时复见选来府县伪官，多系山陕秀才，益信为真，于是不通秀才，皆望做官，无知穷民，皆望得钱，拖欠钱粮者，皆望蠲免。真保间民谣，有'开了大门迎闯吏，闯王来时不纳粮'等语。因此贼计得售，贼胆益张"。大顺军纪律严明，所过秋毫无犯，又"发帑赈贫，赦粮苏困"，民众从实际感受中看到了大顺军的真诚，因而，在山西、河北、河南城乡，到处都在传唱大顺军的"迎闯王，不纳粮"的歌谣。人们把迎接李自成称为"迎真主"，处在水深火热之中的穷苦百姓急切地盼望大顺军的到来。

【第三章】

崇祯帝拯救计划的破产

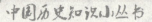

进入崇祯十七年（1644年），明王朝依然处于两面作战，北有清朝的威胁，南有李自成等农民军的进攻，面对李自成率师东进，直逼北京，明朝君臣们回天无术，举措一误再误，致使大顺军几乎没有经过大的战斗就荡涤了北京的外围，完成了对京师的包围。

# 一 李建泰代帝出师的闹剧

甲申年（1644年）元旦，战争的阴霾，冲淡了人们欢度节日的激情。北京上空，阴云蔽空，大风骤起，起瓦震屋，沙石横飞，咫尺之间都看不清楚，再加上凤阳地震的噩讯传来，人心惶惶。这天，崇祯帝淋浴毕，焚香拜天，默默祷告："方今天下大乱，欲求真曲下降，直言朕之江山得失，不必隐秘。"很快结果就出来了。他拿起乩卦一看，只见上面写道："帝问天下事，官贪吏要钱。八方七处乱，十簟九无烟。黎民苦中苦，乾坤颠倒颠。干戈从此起，休想太平年。"显然这是不吉利的回复。于是，心中闷闷不乐。

元旦的早朝，历来为朝臣们所看重。崇祯帝一早就入宫，等待百官上朝。时间到了，只见仪仗整齐如故，而没有大臣前来。负责朝班的内官见此，不便明说，只好说：群臣没有听到钟鼓声，说圣驾还没有来，所以来者迟缓。若是令再次鸣钟，开启东西门，远近闻之，自然全都疾速而来。崇祯帝下令鸣钟，不要停歇，并开启东西门，过了一大会儿，还是不见大臣们到来。后来虽然也有来的，也今非昔比，仪容不整，形象猥琐，个个无精打采。崇袖帝心中有说不出的滋味。早朝罢完，崇祯帝强压心头之火，叫阁臣们来喝茶叙话。话题自然不外是兵饷问题。有说：库藏久虚，又没有其他来源，"边费刻不容缓，所持唯有靠上内帑耳。"崇祯帝久久不做声，后来才有气无力地说："今内帑有难以告先生者。"

明王朝处于同时受到清与农民军两方面的威胁。兵力损失是严重的，缺兵缺饷日甚一日，但明王朝还占有河北、山西、山东、江苏以及浙江、福建、广东、广西、贵州、云南等地，这些地区经济状况要比中原地区为好，同时军事力量也还是可观的。二月间，总督余应桂在上疏中曾说：大顺"众号百万，非天下之全力注之不可"。并且列举当时明朝在各地的主要镇将，河南左良玉、关东吴三桂，以及高杰、唐通、周遇吉、黄得功、曹友义、马科、张天禄、马岱、刘泽清、土国宝、刘良佐、葛汝芝，及副将丘磊、惠登相、王光恩、金守亮等，这些都是可以调动的力量。其中总兵高杰当年就在山西驻守，直到二月初，还有兵3万，马骡9000匹。如果能将他们合理的组合，充分发挥他们的作用，阻击大顺的进犯，并不是不可能的。有分析家说："三晋尚强，诸边犹足守也。帝诚亲总六师，西临太原以至平阳，王屋渡河，士气自倍。以大同、宁武之甲为之前躯，屯信臣精卒于河北，号召中原，济河而西，三晋皆我臣妾，宁忍一矢相加乎？"可惜，崇祯帝没有这样的才能和胆识。

大顺军渡河东进，在士气高昂、乘胜前进的大顺军面前，山西境内的各地号称精锐之师的明军，几乎失去了抵御农民军强大攻势的能力。万分火急求救的呼吁，不停地送达到京师。

塘报中说，农民军十二月十八日过河，二十一日，荣河、河津、稷山、绛州俱自己开门。崇祯帝一面降旨切责山西抚按疏于河防，责成总兵高杰率兵破贼，又命山西总兵周遇吉加强河上防守，协助高杰征讨。

正月十一日，李自成遣人送战表给明兵部。称大顺永昌元年，约战，三月十日至。崇祯帝收到后，忙问是从哪里来的？送的人在哪里？经过仔细讯问，才知道送牒人是京师籍人，从涿州回老家，投宿在某旅店，遇一旅客说是山西巡抚的文移，误期当斩，因病情严重，不能复命，付给十金请代为投递。

兵部怀疑此牒是伪造的，将其人当作侦探予以处斩。

崇祯帝心如火燎，面对众卿发出了卿等岂无能分忧哉的叹息。在无可奈何的情况下，他想自己亲自出征督战。他对阁部九卿官员说："朕愿督师，以决一战，即身死沙场，亦所不顾。但死不瞑目。"说罢失声痛哭。阁臣陈演、魏藻德、蒋德璟、邱瑜、范景文、方岳贡见圣上如此表态，相继提出代帝督师出征，他都没有答应。

两年多来，激烈的战争较量，崇祯帝是机关算尽，使尽全力，调兵遣将，企图将李自成消灭在中原战场上。经过六次大规模的会战，明军一败涂地，丧失了中原与关中地区。这对他的打击是很大的。进入甲申年，他来了个大转弯，放弃了集中优势兵力，举行会战，进行主动围剿的念头，也放弃了调集兵力在山西境内进行有效地阻击的念头，他将着眼点放在责令山西地方官和守将严防固守上，将精力放在增兵措饷上。指示兵部："凡罪废武职及草泽义勇有励志杀贼者预上赏。"可惜这类情形不多，兵部只举用了废将丁永绶，别无选择。他悬立赏格：擒李自成来献赏银一万两，封通侯；能擒张献忠者赏银五千两，官极品，世袭锦衣卫指挥。希望因此出现奇迹。鉴于各地官绅闻风而逃，闻风而降，他责成吏部严厉惩处这些官绅。平阳副使李士昆等七人，先逃后返，已经革职，着戴罪料理，图功自赎。谕令地方官募练乡勇，毖备守城。接着又下令有能倡义募兵恢复一州县者，即授知州、知县。为激励官绅为国效命，阻止大顺军的东进，他继续下诏罪己，申述苦衷。他还提出自己统兵出征，也有大臣提出代他出征，关键是无兵无饷，也不采取有效措施调集军兵，大臣们清楚这一点，他似乎意识到这一点，所以只是一说而已。

就在崇祯君臣为如何御敌而犯愁时，辅臣李建泰的一份上疏呈到御前。李建泰是山西曲沃人，出身进士，历官国子监祭酒，崇祯十六年（1643年）五月，升任吏部右侍郎，十一月，以本官兼东阁大学士。其人善于治家理财，拥有百万家产。他在疏中说："臣是山西人，颇知贼中事，愿以家财佐军，倡率乡里，可集十万之众，无须朝廷费一卒之饷。臣请圣上准允统兵以行。"他还说："进士石窿愿单骑走陕北，连甘肃、宁夏之兵，外结羌部，召募忠勇，劝输义饷，剿寇立功，否亦内守河西，扼抗延安，使贼不得东渡。"这一奏疏，给崇祯帝带来了希望之光。特别是他说自己可集十万之众，无须朝廷费一卒之饷，更是出人意料。他当即表示：卿若愿行，朕当仿效古推毂礼为之饯行。正月二十日，他正式批准了这一请求，决定以李建泰为督师辅臣身份，代帝亲征。这是任命中一个最高的规格。李建泰同时提出以卫贞固、凌炯为监军，郭中杰为中军。崇祯帝也一一应允，并且选定吉日，举行隆重仪式，为李建泰出师饯行。

二十六日这天，正阳门城楼上宴会热烈而隆重。自午门至正阳门，旗幡十余万，鼓吹不断。朝中大臣内阁大学士陈演、魏藻德、方岳贡以及六部尚书等在京主要文武官员都应邀到会。楼上，列席19桌，文官在东，武官在西，御席居中向南，五府掌印侯、伯、内阁、六部、都察院掌印官及京营总协侍坐。开宴时，乐队奏起欢快的声乐，建泰行五拜三叩头大礼。崇祯帝亲自用金杯斟酒，连赐三杯，高兴地说："卿即朕，朕即卿，朕与卿无两身，凡事以便宜行，先发后闻。"即后拿出自己的御笔《钦赐督师手敕》郑重其事地交给了李建泰。敕书说：

朕仰承天命，继祖宏图，自戊辰至今甲申，十有七年，本能修德尊贤，化行海宇，以致兵灾连岁，民罹水火，皆朕之罪。至流寇本吾赤子，盗弄干戈，流毒直省，朝廷不得已用兵征剿，本为安民。今卿代朕亲征，鼓淬忠勇，表扬节义，奖励廉能，选拔雄杰。其骄怯逗玩之将，贪酷倡逃之吏，妖言惑众之人，缺误军粮之辈，情真罪当，即以尚方从事。行间一切调度赏罚，俱不中制。卿宜临事而惧，好谋而成。剿则真剿，奸渠宥胁，一人费得妄杀，抚则其抚，投戈散遣，万民从此安生。以卿忠猷壮略，品望凤隆，办此裕如，特兹简任。告庙授节，正阳亲饯，愿卿早荡妖氛，旋师奏凯，封侯晋爵，鼎彝铭功。有功内外文武各官，从优叙赉。朕仍亲迎庆赏，共享太平。预将代朕亲征安民

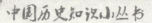

靖乱至意，遍行示谕，咸使闻知。特谕。

由于是代帝亲征，授予他的权力也是前所未有的。先前任命杨嗣昌为督师，出行前赐尚方宝剑，节制文武，但权力限制在一定的范围，对各地总督、巡抚、总兵之类高级官员只能参奏，还须朝廷最终裁决。这次给李建泰的权力，则没有这一限制，不论何人，只要"情真罪当，即以尚方剑从事"。李建泰受到如此礼遇，感激涕零，顿首谢恩。席散，崇祯帝在正阳门城楼上目送李建泰率师出京，见行之以远，才起驾返回。

不巧，天公不作美，狂风大作，沙尘扑面，出师的旌旗左边旗杆突然被大风折断，所有送行的文武百官颇有不祥之感。

出征仪式隆重非凡，但是能够调用的兵力并不多。这是因为部署在关东地区的兵力没有动用，部署在西北陕西甘肃地区的兵力已经被歼，部署在江南的兵力为战斗在湖北、湖南、江西的张献忠所牵制，尽管机关算尽，也很难凑集兵马和粮饷。《明史·李建泰传》说只有500人。用时人刘尚友的话说，这些兵马中竟无一旅标卒，仅从属吏数员，徒役百十人而已。李建泰带着这些兵马，取道保定南下，踏上了阻击大顺军的征途。这一行军路线的确定，是依据明朝军方对当时战争形势的分析与估计作出的，他们以为大同、宣府一带有重兵把守，大顺军要攻取北京，不会取道大同、宣府一线，而南部保定一带，明朝的兵力部署，相对薄弱，所以不让他去增援山西，而是直接南行加强保定一线的防守力量，以便在此挫败大顺军。实际上，这是一个完全错误的估计。他们过高地估计了山西守军的兵力与战斗力。宣府、大同的明军没有出现他们所想象那样的奇迹，而李自成攻打北京的计划，不是避实击虚，而是先扫清京师的外围，解除后顾之忧。

李建泰率部刚出京城，就传来了山西烽火甚急，以及家乡已为农民军所破的消息，他那颗沸腾的心，一下子凉了下来。他放慢了行军速度，每天只行30里，到达涿州，部队已有不少人逃跑。这些军兵，毫无纪律，沿途任意掳掠，为民众所痛恨。使他没有料到的是，民众对这位代皇帝出征而来的王师，还要问个明白，问他们是大顺，还是大明？若是隐瞒真实身份谎称是大顺，人们就给他们饭食，否则，就不给。还有一个麻烦问题，就是士兵出行后，粮饷供给不能保证，士兵不得饱食，就去抢掠民财，因而引起当地人的不满。来到广宗县，城中士绅关闭城门不让入城。知县张弘基带领兵民登城把守。李建泰很是恼火，命令攻打县城，杀掉乡绅王佐，笞责知县张弘基。再至东光，该县士民以关闭城门相待，不让入据。李建泰连遭冷遇，徘徊于畿辅真定、河间一带，诡称身体不佳，入据保定，不敢与大顺军交锋。

二月一日，早朝，李自成发出的战表送达御前，末云：限三月望日至顺天会同馆缴。君臣大惊失色，面面相觑。直到罢朝，没人敢于问及。九日，崇祯帝再次敕谕李建泰，虽然重述上月二十六日敕语，可也再次表达了朝廷的信任、鞭策与寄托，而李建泰却没有这个胆识，慑于大顺军的威力，龟缩在保定不敢出来。

李建泰的出师，是崇祯帝阻击大顺军东进采取的最为重要的一项举措，也是加强北京总体防务的一项重大举措；然而，所得到的结果，却丝毫没有能够阻止大顺军南北两路前进的步伐，也未能起到动员激励明军将士众志成城，抗击大顺军的效果。反而，使人们看到明王朝已经到了无可救药的地步。在北线与南线战场上，大顺军正在以排山倒海之势，雷霆万钧之力，异乎寻常的速度挺进在合围北京的途中。

# 二　调吴三桂勤王计划受阻

吴三桂字月所，祖籍江苏高邮，生于辽东的汉镇中后所。流寓辽东，遂以住地辽西中后所（今辽宁绥中）为籍贯。父亲吴襄是明天启年间的武进士，累官都指挥使，历任中军、参将、总兵，官至中军府都督提督京营。舅父祖大寿是辽东世家大族，也是明辽东军事集团的主要将领之一，祖氏满门皆官。祖大寿在明朝历官靖东营游击、总兵，降清后，仍为总兵。他的兄弟祖大乐、大成、大弼，子侄有祖泽远、泽沛、泽盛、泽法、泽润、可法等，都是上自总兵，下至副将、参将、游击的各级军官，分驻宁远、大凌河（今辽宁锦县）、锦州诸城。

吴三桂出生在一个将门之家，以武举的身份入伍，因作战有功，累迁至总兵，镇守宁远。明清松、锦会战中，蓟辽总督洪承畴率关内外八总兵13万明军驰援锦州，吴三桂也在其中。清军在松山和杏山之间的高桥设伏，明军中计陷入埋伏，损失惨重，大半被歼，他与王朴等人率少数残兵冲出重围，逃回宁远。之后，被委以关外五城之防守重任，"所部精兵四万，辽民七八万，皆耐搏战；而夷丁突骑数千，尤骁悍。北门锁钥，恃无恐"。遂享有"孝闻九边，勇冠三军"的传奇名声，震慑夷夏，就连清四王子皇太极亦称赞他："好汉子！吾家若得此人，何忧天下！"

吴三桂率领的部队是关外明军的主力之一，也是明朝在关外坚持到最后的一支抗清劲旅。松山战役后，皇太极为招降吴三桂做了大量工作。崇德七年

（1642年）七月，他以大清皇帝的名义致书劝吴三桂归顺，说祖大寿、祖大乐等人都因是吴三桂的亲属而获优抚，尔今明国流寇转炽，土宇凋残，倾亡之象，将军已目击之。时势若此，将军虽勇，一人之力其奈之何哉！希望吴三桂能"幡然悔悟，决计归顺"，紧接着又要吴三桂的长兄吴三凤，还有其亲戚、同僚、乡里如祖可法、裴国珍、张存仁、陈邦选、胡弘先等人以各种关系去劝说其降清，如张存仁是原宁远副将，他在信中说："明运将终，重臣大帅就俘归命。将军祖氏甥，虽欲逃罪，无以自明。大厦将倾，一木不能支。纵苟延岁月，智竭力穷，终蹈舅氏故辙。何若未困先降，勋名俱重？"吴三桂收到书信，不行奏报，亦不予回复。十月，皇太极第三次亲自写信给吴三桂曰："大清国皇帝敕谕宁远城吴大将军：今者明祚衰微，将军已洞悉矣。将军与朕，素无仇隙，而将军之亲戚，俱在朕处。惟将军相时度势，早为之计可也。"尔后再次要祖大寿写信给吴三桂进行劝降："宁、锦间隔，不相通问者岁余矣。春时松山、锦州相继失陷，以为老身必死无疑。不期大清皇帝天纵仁圣，不但不加诛戮，反蒙加恩厚养。我祖氏一门以及亲戚属员，皆沾渥泽。而洪总督、朱粮厅辈亦叨遇优隆。自至沈阳以来，解衣推食，仆从田庐，无所不备，我已得其所矣，幸贤甥勿以为虑，但未知故乡光景何如耳……再观大清规模形势，将来必成大事。际此延揽之会，正豪杰择主之时，若率城来归，定有分茅裂土之封，功名富贵，不待言也。念系骨肉至亲，故尔披肝沥胆，非为大清之说客耳。惟贤甥熟思之。虎骨靶小刀一柄，是贤甥素常见者，故寄以取信。"这里所说，字字都是斟酌再三的，仅就皇太极的用心与期盼，便可看出吴三桂当年在清人心目中的地位。

　　次年正月，祖大寿将吴三桂来信交给了皇太极，皇太极立即复信给吴三桂。信中说："尔遣使遗尔舅祖总兵书，朕已洞悉，将军之心，犹豫未决，朕恐将军失此机会，殊可惜耳。我国自兴师征明以来，攻城略地，历有年所，明之将士，至今有能立功名，保身家全忠义者乎？非阵亡于我军，即受戮于尔主。军机一失，峻法随之，良将劲兵，殆将尽矣。将军知此，何为昧于从事，蹈覆车之辙哉！祖总兵初不携其妻子来归，今悔之无及，料将军亦所悉知。当祖总兵被围锦州时，明以各省镇兵倾国来援，一朝覆败，锦州、松山、杏山、塔山，俱已失守。今我军围困宁远，不知更有何处援兵，以解将军之厄耶？若不乘此时急图归顺，勉立功名，倘我国蒙天眷佑，南北两都，皆为我有，蕞尔宁远，岂能独立乎？逮至糗粮罄绝，阽危待毙之际，将军悔不可追矣！"祖氏是他的母家，大都投降了清朝，但他却没有投降清朝的意念。他的这种态度，受到人们的高度评价。

大规模的国内战争也使崇祯帝对吴三桂父子倍加重视。随着山西战局急剧恶化，京师危在旦夕，他左权右衡，想重新调整军事部署，调吴三桂入关勤王。正月十九日，他在召见群臣时，提出了调吴三桂的意向。由于事关重大，他让廷臣们议决。众议纷纭，有的认为不可调者，有的认为应当南迁者，有的模棱两可。朱成国纯臣、倪宫詹元璐、金少司马之俊、孙都谏承泽皆以为调吴三桂入卫京师是当务之急，然而，内阁大臣们却不以为然，认为调回吴三桂，就是无故放弃宁远及山海关外大片国土，他们不敢承担这个责任，于是虚与委蛇，推诿不决。崇祯帝曾经尖锐地批评了这种态度。内阁辅臣虽然不再说什么，但内心里并不赞同这一做法，一涉及回调的具体问题，就以"一寸山河一寸金"为由，反对调吴三桂入关。阁臣们为了答复"上谕"，专门写了一份揭帖，说山海关、宁远临近神京，所系尤重。吴三桂手下五千精兵为清军所畏惧，不独宁远恃之，关门亦恃之。虽缓急未必能够及时相救，而有精兵在彼，人心自壮。倘一旦调去，其余皆分守各处城堡之兵，未必可用也。万一出现差错，臣等之肉其足食乎？此乃安危大计，臣等促膝密商，意皆如此，实则不敢轻表态。这就迫使崇祯帝自作决断。他再次发去谕旨：宁城一事前已经廷议，宜速断，未可犹豫。强调此举"收守关之效，成荡寇之功，虽属下策，诚亦不得已之思，先生每即拟旨来行"。但大臣们还是犹豫不决。

大同、宣府相继失守，京师为之震动。明朝诸臣以为京兵不足以固守京师，蓟辽总督王永吉与顺天巡抚杨鹗商议提出，为今之计，莫若撤关外四城而守关，召吴帅三桂之兵亟入，以卫京师，并联名上疏提出这一建议。二月十日，崇祯帝把这一奏疏出示给阁臣陈演、魏藻德等人，陈、魏相对愕视，不敢开口。退出后，两人窃窃私语："上有急，故行其计。即事定，而以弃地杀我辈，且奈何？"于是，他们商议拿出一个缓冲方案：请吴三桂之父吴襄进京担任中军都督府提督，由皇上召见他商定战略大计。

二十七日，崇祯下诏征天下兵马勤王保卫京师。吏科给事中吴麟征上疏提出弃关外宁远、前屯二城，徙吴三桂入关，屯宿近郊，以卫京师。三桂忠勇，可以办贼。阁臣仍以无故弃地为由，不敢认同。

三月初四日，崇祯帝下诏封辽东总兵吴三桂为平西伯。六日，不顾大臣的非议，作出放弃宁远的决定，命令驻守蓟辽总督王永吉、宁远总兵吴三桂统兵入卫京师，又命蓟镇总兵唐通、山东总兵刘泽清率部勤王，并派太监谢文举星夜驰赴山海关传达此命。吴三桂接到调遣命令后，开始撤离部署，由于军中多是辽东人，士兵家属不愿留在宁远，要求随军以行，因而需要将宁远及附近民众50万人一起带走，运送任务繁重。又因举家搬迁，携家带口，十分麻烦，海陆两途并用，但行动迟缓，每日只行数十里，十六日到达山海关，二十日到达丰润(一说玉田)，而大顺军却于十九日攻占了北京。这样，就丢掉了拯救时机。当年兵部尚书张缙彦曾就此事评说："议天下兵，无不当调，而宁镇为可恃。一月以来，具疏一百余首。重在弃关宁，调辽兵，而阁臣陈演甚难之。往复会议，于三月初十日，始弃宁入关，而已无及矣。"当然，吴三桂是人，不是神，他以五万部队，要想在野战中战胜大顺军，阻止大顺军的进军是不可能的，若是吴三桂的五万部队提前进入北京，参与守城，大顺军要打下北京，恐怕就不那么容易了。因此说调吴三桂关宁部队回守京师，是有指望守住京师解救危局的最佳选择。然而这一选择被不识时务的庸臣搅乱了，被这位自以为是而又不能捕捉战机的庸君放弃了。

军事部署要服从大局，要以时间、地点、条件为转移。面对大顺军的东进，作为一国之君的崇祯帝，调吴三桂入援问题上如此举棋不定，犹豫不决，

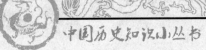

充分表明他的天分与才赋使他不具备高瞻远瞩的决策能力，在危机的关键时刻，他不是以国事为重，而无时无刻不在计较个人体面，该决策的不决策，他不能组织军民御寇，不能带领军民拯救危急，还能有什么办法进行自救呢？

# 三　南迁之议的流产

大顺军在山西地区的推进，明王朝究竟如何办，成为朝中上下议论的中心。其中有一部分人提出南迁的主张。所谓南迁，就是明朝中央政府南迁南京，以避开大顺军的颠覆，从长计议。也可以说是一个应急方案。

明朝实行两京制。自永乐帝迁都北京后，中央权力机构都迁到了新的都城北京，但原来都城南京的中央机构并没有撤销，这种两京制的建制，对于明代的政权建设具有积极的作用。崇祯即位后，由于皇太极加紧入关，多次出兵入塞对内地进行骚扰。崇祯十五年（1642年）十一月，清军由墙子岭分道入塞，数月间破蓟州、真定、河间、临清、兖州、海州（今江苏连云港）、赣榆、沭阳、丰沛等地，于次年四月北归，使88个府州县的人口和财物遭到掳掠，损失严重。震动京师。形势异常紧急。崇祯帝命周延儒督师御敌。行前，他曾就当时形势谈了自己的想法：“上以边寇交织，与周延儒议南迁，命无泄。”表明南迁也是出自崇祯帝内心的主张。后来，由于天启懿安皇后张氏不赞成这样做，也就不了了之。

而今北京面临新的最为严重的威胁，一旦北京失陷，明王朝就会倾覆。所以，正月初三日中午，崇祯帝根据李邦华、吕大器的举荐，在德政殿召见了左中允李明睿，征求他对御寇的意见。他请求屏退左右，接近御座，就南迁图存一事陈述了自己的意见。他说：“自蒙召，道闻贼信颇恶，今逼近畿甸，诚诚危急存亡之秋，可不长虑？却顾惟有南迁，可缓目前之急，徐图征剿之

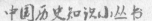

功。"崇祯帝心想先前英宗北掳，鞑靼兵临京城，有人议迁京城，结果为万人所唾骂。今天，若再行此议，岂不是陷我于亡国的境地吗？于是道：此事重大，不可随便说。并用手指天说，未知天意如何？李明睿说："惟命不于，善则得之，不善则失之。天命几微，人定则胜天。差之毫厘，谬以千里。事势至此，讵可因循不决，致有噬脐之忧。望内断圣心。外度时势，不可一刻迟缓，若筑舍道旁，后虽欲为，有不及者矣。"崇祯帝见周围没有他人，便说："朕有此志久矣，无从襄赞，故迟至今。汝意与朕合，诸臣不从奈何！"他觉得事关重大，要李暂且保密。接着，他还就南迁中途接济问题发问，答曰："不如四路设兵，东山东，西河南，此陆路也；登莱海航，通州运河，此水路也。皇上须从小路轻车南行，二十日抵淮上。"又曰："然此事重大，不可轻泄。"对曰："臣谋之，敢泄之乎？但祈圣断，皇上但出门一步，龙腾凤跃，不旋踵而天下运之掌上。若兀坐北京，坚守危城，无益也。"崇祯帝当即点头。随即传谕赐宴文渊阁。

这天中午，崇祯帝又在内殿召见李明睿，似乎很想继续研究南迁之事，由于李明睿以为南迁之事，话已说完，所以没有再提，着重谈了有关筹措军饷问题，兵饷缺乏，民穷财尽，惟发内帑。崇祯帝面带愁容，为难地说："内帑如洗，一毫无措。"李道："祖宗三百年积蓄，岂能到此地步！"崇祯帝回答道："其实无有。"

由于崇祯帝关心南迁之事，当天夜里，第三次召见李明睿，迫不及待地发问：如果南迁，谁可接济，途间用何等官领兵措饷，驻扎何地？李明睿说："济宁、淮安，不可不设官，须择重臣领兵，预为之防。"问：何等官衔？答曰：须户、兵二部堂上官。又问："此时兵在关门，大将俱在各边，调遣甚难，奈何？"答曰："近京八府尚可募兵，皇上此行，京师须人料理，关门兵不可尽撤，各边大将不可轻调，惟在公侯伯及阁部文武大臣，试其能才，推毂而遣之。"他对李的这一意见表示赞同。随即李明睿劝崇祯帝拿出皇家内帑作为兵饷，说："内帑不可不发，除皇上服御外，一毫俱是长物，当发出犒军。若中途不足，区处甚难。留之大内，不过朽蠹。若先发出，一钱可当二钱之用，急时与人，万钱不抵一钱之费。"他不同意动用皇家金钱的做法，认为还是靠户部筹措为妥。李明睿了解户部的底细，告诉他："今三空四尽，户部决难凑手，皇上为宗庙社稷计，决而行之。"崇祯帝表示赞同。二人谈到漏二鼓，方才让李出宫。根据这一意见，他已作了相应的部署，指示有关官员为南迁做准备，派左懋第往南方查询沿途水陆士兵舟师之数，又密令天津巡抚冯元飚在大沽口准备300艘漕船以备南迁使用。一待冰河解冻，即可起程以行。

然而由于崇祯帝存在有战胜的幻想，朝臣也多倾向于组建新军剿灭农民军，这样南迁之议便被搁置起来。

照实说，南迁确实是一件非同小可的事，其难度，是不言而喻的。时间是在甲申年正月初，此时决策南迁，无论是皇上南迁，或是太子南迁，对于明王朝来说，是有失有得的。其失在于朝廷南迁势必在全国上下引起波动，动摇军心、官心和民心，大顺军甚至清军都会伺机而动，北京的沦陷，不可避免。其得则是明王朝由此却可以变被动为主动，重新组合力量，进行新的部署，即使北京失守，南方也还有一个号令全国的政治中心，明王朝就不会因为北京失陷而告灭亡，更不会出现群龙无首的局面。因为明朝有两个京城，南京作为陪都，还设有一套六部办事机构。如果朝廷当时南迁到南京，以崇祯皇帝的威望，经营江南，即使大顺军占据了北京，再与他作战，胜负也需要有一个较长的过程。再说在这种情况下，清兵入关首先遇到的是李自成。明王朝原来与清对峙的沉重包袱也转嫁给了大顺，让清与大顺在辽东进行争夺，以后中国历史怎么发展，很难说，因为没有变成事实。反之，不行南迁，维持现状，不致引发什么波动，可以暂时维护明王朝的体面，但北京一旦失陷，明王朝就会因此而告终结。后来的事实就是如此。

就可行性来看，难度与风险是存在的，并不是不可克服。因为此时，张献忠正在湖南、江西一带活动，准备入川，李自成主力集中在陕西，河南、湖北控制在农民军手中。长江中下游、天津、河北、山东地区基本上还掌握在明军手中，驻防这里的明将刘泽清、刘良佐、黄得功、高杰诸部，可沿运河水陆交通线南下护行。刘芳亮率领的南路作战部队是二月初才从蒲坂渡河，向豫北进军的。二月二十二、二十八日，才占领了河南开州(今河南濮阳)、滑县，迫近运河线上的重镇济宁，在正月上旬至中旬刘芳亮的南下部队还没有起行，不可能构成南迁的威胁，也就是说还不具备中途截击的条件。就在李邦华等人提出南迁后的50日，即二月二十二日，居住在卫辉府的潞王朱常涝与避难在此的福王朱由崧还在明朝官兵的护送下安全南行，经过安徽，再到江浙的。50天后尚能如此，那么正月初南迁的安全性当比此更高些。至少说周密部署，严加防范，南迁之行是没有太大问题的。至于说二月以后，情况则有所不同，刘芳亮的部队据有豫北三府与冀南，此时出行的安全是无法保障的。在这里，时间是重要的。

权衡得失利弊，南迁之议，无论是皇帝南迁或则太子南迁，若是在正月初抓紧时间部署并予以落实，对于面临倾覆的明王朝来说，南迁是利大于弊的。即使落个南迁的不好名声，换取的却是明王朝的持续存在，应当说是一个最佳的选择。

那么，问题出在哪里呢？出在崇祯帝身上。他是一个极端虚荣而又文过饰非的人。他心想南迁，也愿意南迁，只是由于南迁的名声不太好，形象不威武壮观，所以他不想承担责任，给世人以把柄，所以，他要大臣们先提出，而后他再表态。让他始料不及的是，大臣中有人提出了，有赞同的，也有反对的。主之者，振振有词，反对者激昂慷慨。还得要他来裁定，而他又不敢裁定。这就是所说的"君王也道江南好，只是因循计未成"。

之后，李明睿与左都御史李邦华还就皇帝南迁或太子南迁交换意见。明睿认为太子年少，禀命则不威，专命则不敬，不如皇帝亲行为便。于是，上疏给崇祯帝。疏中说："国家并建二京，原以供时巡，备居守，皇上即不南迁，宜令太子诸王居旧都，一系天下之望。臣南人也，必有言以迁南自便者。臣愿随皇上执管钥而分遣信臣良将，捍牧圉，以南发皇太子以抚军主器之重，暂违定省，号召东南，共图灭贼。即皇上赫声濯灵，益以丕振，上以副二祖之成算，下以定四海之危疑。"崇祯帝立即将此事交大臣商议，诸臣讳言南迁，而只就兵饷问题议论。李明睿直言不讳地说：《易经》里有说，利用为易迁国。《尚书·盘庚篇》也言迁移之事。唐朝一迁再迁，宋朝一迁而南渡，各位为何讳言迁字呢？诸臣听他这么一说，不禁吃惊，但没人呼应。而只有李邦华和项煜面上露出笑容。第二天，崇祯帝在平台召见群臣，告诉大家说宪臣密奏劝朕南迁。陈演就此事作了陈述，认为今日所最急者，莫若亲征，说："皇上自为督率，六飞亲驾，万姓雷动，兵士气鼓。真定以东，顺天以西，可无虑贼氛之充斥矣。日逐一日，优柔不断，天下大事，尚可虑哉！"此疏进呈后，迅速批复，交兵部速议。兵科给事中光时亨慷慨陈词，斥责这是邪说，甚至提出不斩明睿不足以安人心。李明睿立即上疏进行反驳：臣劝皇上亲征，非臆说也。并且认为皇帝亲征是有作为的明君之所为。他说，皇上试想，昔之开天者无如汉高祖、唐太宗、宋太祖，有一不从战争挞伐中磨砺而出者乎？我朝开天无如高皇帝，有一不从冲锋陷阵而成者乎？而诸臣故意将亲征与南迁混为一谈，全是为了混淆视听。进而对南迁的作用作了陈述："就使皇上发策南迁，此亦就时急着。唐时再迁复迁，宋室一迁南渡，传国百五十年。若唐、宋不迁，又何灵武、武林之恢复？又何有百五十年之历数哉！"崇祯帝看到这一上疏，觉得所言很有一番道理，于是传命召光时亨入见，当面斥责道：所言同样是盛惑人心的邪说，为什么专攻李明睿，显然是在搞宗派。文说："光时亨阻朕南迁，本应处斩，姑饶这遭。"风波就这样平息了，但明王朝何去何从，仍然没有确定的意见。

二月，明对大顺作战节节溃败，战局继续向不利于明朝方面变化。五日，李自成率领大军攻克太原后，迅猛异常地向北推进，刘芳亮的南线部队已全部控制了豫北和畿南，任继荣的中路军也在冀中胜利挺进。明朝诸臣对南迁之事继续在争论中。驸马都尉巩永固字鸿图，尚乐平公主，是光宗的女婿，他雅好客，喜读书，工诗赋，善骑射，深得崇祯帝的喜爱。二十五日，入朝，崇祯帝问他有什么建议。永固提出皇上南迁，请求护送以行。还说可以招募义兵数万人，寇难不难平定。他听后，便问：募义兵谈何容易？永固道：岂独数万？如果按照臣的建议，即数十万，也不是什么难事。若是继续固守京师，京师已玩弊日久，只能坐困，没有任何益处。他对此不以为然。

二十八日，崇祯帝感到情况紧急，下诏号召天下兵马勤王，并在文华殿召见阁臣与五府、六部，詹事府翰林院、科道等官员，就有关战守事宜进行磋商。左都御史李邦华又提出"太子南行，皇上固守"的设想，他说："方今国势柄危，人心危疑，皇上为中国主，则当守中国。"因此，提出让太子先到南京的建议。他说这样做的好处是："皇太子以抚军主器之重，暂违定省，号召东南，共图灭贼，即皇上赫声濯灵，益以丕振，上以副二祖之成算，下以定四海之危疑。"这的确是一个较为稳妥的办法。这里明确提出太子南迁后，万一北京失守，明朝仍可保有东南半壁江山。崇祯帝觉得这个办法可行，绕城徐行，边读边叹息，准备采纳。这时，少詹事项煜还提出以皇子定王镇淮安，以永王镇济宁的主张。崇祯帝闻悉，召集内阁大臣进行讨论。李明睿等奏请仿照永乐朝故事，由帝固守京师，太子监国南京。崇祯却故作姿态说：诸臣平日都说了些什么，而今国难当头，无一忠臣义士为朝廷分忧，而在那里纷纷扰扰，一天到晚尽出些这主意。又说：祖宗辛苦百战，定鼎此土，贼至而去，何以责乡绅士民之城守者！何以谢失事诸臣之得罪者！且朕一人独去，如祖宗社稷何！如十二陵寝何！如京师百万生灵何！逆贼虽披猖，朕以天地祖宗之灵，诸先生夹辅之力，或者不至此。如事不可知，国君死社稷，义之正也。朕志已定，无复再言。他究竟要做什么，或想要做什么，人们都捉摸不定。按照他的这一番表态，他是不主张南迁的，可私下却在给大学士陈演做工作，说"此事要先生一担"，就是要首辅大学士陈演能带头要求南迁，等待"举朝固请而后行"，再由他表示同意，这样就可取得圆满的结局。当然，他也不是没有顾虑。在他看来，贼锋飘忽，即使遣太子、两王南迁，明朝之禁军不能与唐羽林神策军相比，万一贼以劲骑疾追，中途遭到袭击，南行之队伍溃散，又有谁能来抵御呢？身居大学士的陈演，在官场上历练多年，对于崇祯的个性与为人了如指掌，熊廷弼、袁崇焕、陈新甲遭到诛杀的教训，唤起了他的警觉，越是在这个时候，他越装聋作哑，故作镇静，无论崇祯如何诱导，他对南迁就是不表态，气得崇祯大骂陈演："朕要作，先生偏不要作"。为解心头之愤，他索性罢去了陈演的官职，而事关明王朝前途命运的南迁之事，再次不了了之。

在此期间，南京国子监祭酒姜曰广、尚书史可法也以为皇太子监国南京是个可行的办法，奏疏进呈后，也因崇祯帝的反复无常态度被压下不报。

宁武失守，震撼京畿。三月一日，崇祯帝在中左门召见陈州（今河南淮阳）诸生张攀，张攀也提出南迁的建议。三日，督师李建泰在保定也上疏请求皇上南迁，说贼势大，不可缓，并表示愿奉太子先行。第二天，崇祯帝在平台召见阁臣，将这一奏疏交给群臣传阅，说李建泰劝朕南迁，作为国君应死于社稷，朕将怎么办呢？这时左都御史李邦华、少詹项煜、大学士范景文以及庶子李明睿等都纷纷表示赞同，以为奉太子抚军江南是行之有效的办法。兵科给事中光时亨再次挺身而出，严词反驳，大声说道："诸臣欲为唐肃宗灵武故事乎？"这也是崇祯帝后怕的问题。顿时会上鸦雀无声，诸臣谁也不敢再说什么。崇祯帝见此，话题转向战守之事，让诸臣发表意见，众臣依然默不作声。他愤愤地说："朕非亡国之君，诸臣尽亡国之臣耳。"遂拂袖而去。

六日，崇祯帝再次颁诏罪己，告谕军民，宣布取消剿饷，召买米豆，悉行蠲免。放宽对农民军的政策，除李自成罪在不赦外，伪官伪将，有能斩渠献城，即予通侯之赏。他如牛金星、喻上猷、李振声、杨永裕、刘宗敏、田见秀、罗戴恩、杨昌、谷可成，身陷贼庭，如能伺隙反正，悉赦前罪，各复原官。就是在这一天，李邦华再次提出奉太子南迁的请求，也因遭到光时亨等人的谴责而搁置。他召见群臣，商讨对策，南迁一事成为一项重要议题。崇祯帝想通过群臣商议能有个理想的结局。会上再次出现激烈争议，不欢而散。

九日至十一日，大同、宣府相继失守的消息传来，京城上下一片恐慌。大学士范景文等一再提出南迁，原任商丘县知县的梁以樟，在狱中上书朝廷，也提出请太子抚军江南，二王分封浙江、福建的建议。方岳贡、魏藻德坚决反对。无休止的争争吵吵，使得他心烦意乱。无奈，他发出这样的叹息：你们这些人，平日专营门户，结党营私，相互攻击，今日只有死守，不要再争争吵吵！

十七日，大顺军包围了北京。炮声震耳欲聋。崇祯帝到了山穷水尽的地步。这时他又想起了南迁，急忙召来附马都尉巩永固，说道：你前几天要朕南行，能集数万军兵，现在还能吗？巩永固回答说：现在已不能了。又道：你不是说可募集数十万，怎么又说几万人也不能呢？回答说：先前人心还稳定，募集军兵较为容易，现在形势危急，人心全都乱了，若是平时，人还容易聚集，现在事情紧急，即便一兵一卒，也很难办到啊！这时新乐侯刘文炳也在坐。他望着二位，乞求道："两卿各率家丁护从南行，可乎？"刘、巩二人同时回答道：家丁何以抵挡贼锋？况臣平日一向谨慎行事，不敢私自蓄养家丁。这时他才彻底明白，无论是他，或是太子，已陷入大顺军的包围之中，再想出城而逃已是不可能的事了。

就南迁而论，并不是难以选择的事情，竟然被崇祯帝搞得一塌糊涂。他死要面子，只要有人一反对，他就决定不走了。所谓"国君死事社稷"，就是一个国家的皇帝、国王为他的社稷而死，在他看来这是光彩的事。所以他最终还是决定不走。他所以作出这样的选择，联想起最后他的自缢而死的选择，恐怕是与他为帝王绝望的心理分不开。因为绝望，他不愿意南迁，在他看来南迁就是出逃，是奇耻大辱，所以，即使已经降旨做好南迁的部署，迅即也停了下来，他最终的结论是走不如守也。因而，不顾实际情况，自作主张，自己不离开北京，也不让太子离开，其结果，他落个亡国之君的下场，太子也成了大顺的俘虏。

# 四　增兵筹饷的苦果

如何增兵筹饷关系到明王朝的存亡安危。这也是崇祯帝最为棘手的事。自即位以来，随着对金战争的持续与农民战争的扩大，兵饷问题日甚一日。他无时无刻不在为此犯愁。在此之前，为了增兵措饷，他采取增加税收的办法，即所谓加派来满足军费增长的需求。除此之外，他还把万历宫中积留下来的上好人参拿出变卖，又令暂借民间房租一年，弄得怨声载道，上下不得安宁。崇祯十二年（1639年），他找到他曾祖母娘家武清侯李国瑞，要他拿出4万两，带个好头。李国瑞死活不肯拿，相反，拆屋毁房，把家中的器什物品摆在大路上变卖，以示自己一无所有。周皇后之父、嘉定伯周奎害怕借到自己头上，便替李国瑞说情。这一下，他大为恼火，传令逮李国瑞入狱，夺去了李的爵位。李惊吓而死，外戚们为了保住自己的家财联合起来抵制借钱。他还采纳户部尚书倪元璐的建议，实行赎罪与捐纳制度。这些都是权宜之计，出于迫不得已。

大顺政府宣告成立，特别是大顺政府决定打北京，就像一把利箭插入了明王朝的心脏。大顺军挥师东进，山西前线告急，增兵增饷的呼吁一浪高过一浪。崇祯帝陷入苦闷之中。兵在哪里？饷在哪里？他想不出办法来，他要大臣们拿出个办法来。由于国库无有积存，向各地征收也达到了饱和程度，所以大臣们希望皇上能够动用旧有的积存，以应目前之急需。旧有的积存，究竟有没有，有多少，只有皇上清楚，大臣们并不知根底。事已至此，内阁大臣只好向皇上询问库藏到底还有多少银子。崇祯帝可真是有苦难言，他似乎不想将库存空虚的底细全盘托出。正月三日，他在中左门召见吴襄，询问调动吴三桂军队进京保卫京师的可能性。《绥寇纪略·补遗上》中载：崇祯帝问："需饷多少？"吴襄回答："百万。"这时，他以实相告，内库只存银七万两，搜集一切金银杂物补凑，也不过二三十万两。这就是当时明王朝包括内库在内库存的全部家底。

在谋求救亡的策略中，一些官员也注意到为增饷而实行加派带来的社会后果。正月十八日，工科给事中彭琯上疏从争取民心出发，请求蠲免赋税。他在奏疏中称："往者逆贼犯楚，实由人心惑于三年免征、一夫不杀之伪示。又见抚臣李乾德悬示免征，益复踊跃。倘皇上大下蠲诏，更当何如！近传十六、十七年宽赦，何如宽之十八年，使贼灭后犹有余力，并奇荒赤地通行蠲免，使老弱捧檄泣下，非目前第一义乎！"这一主张，比起那些明哲保身、一言不发、不置可否的官员，也算是有胆有识，若是真的能够蠲免赋税，自然会取得安民的成效，赢得民众的信任。毫无疑问，蠲免赋税就是要减少国家财政收入。显然，这与当时崇祯帝心中所想的背道而驰。面对大顺军的逼进，崇祯帝一天到晚所想的是如何筹措军饷，增加军饷，而不是如何减少。这一建议，立即得到光时亨响应。光时亨在上疏中对加派练饷进行了猛烈抨击，说练饷殃民，要求追究首倡练饷之人的责任。大学士蒋德璟也认为"聚敛小人倡议搜刮，致民穷祸结，误国良深"，赞成光时亨的建议。人们都很清楚，练饷的征收，是皇上批准实施的，如果真的追查下去一查到底，崇祯帝是摆脱不了干系的。这时，他慌了。他在文华殿召见阁臣和吏、户二部官员，首先声称"朕如何是聚敛，只欲练兵"，然后直言不讳地质问蒋德璟所说的"聚敛小人"究竟指谁？蒋德璟见崇祯帝发怒，只好婉转地说："皇上岂肯聚敛，原有旧饷五百万，新饷九百余万，复增练饷七百三十余万，当时部科实难辞责。且所练兵安在？蓟督抽练兵四万五千，今只三万五千；保督抽练三万，今止二千五百；保镇抽练三万，今止二三百。若永兵七万八千，蓟、密兵十万，昌平兵四万，宣、大、山西兵、陕西三边兵各二十余万，一经抽练，将原额兵马俱不问，徒增七百三十万之饷耳，民安得不困！"话说得虽然婉转，但问题却一清二楚。饷增征了，民并无得到安宁，军队并没有增加多少，不仅没有增加，反而在减少。有的地方3万军兵变成了2500人，还有的地方3万人变成两三百人。崇祯帝不承认这一事实，说户部已将三饷合一，何必多言。蒋德璟指出："户部虽并三饷为一，州县追比，只是三饷。"并进一步解释："近日边臣每言兵马只以练饷立说，或数千，或数百，抵塞明主，而全镇新旧饷，兵马数万，概言不足，是因有练饷而兵马反少也，臣私心恨之。又近日直省各官每借练饷名色，追比如火，致百姓困穷，遇贼辄迎，臣又私心恨之。"蒋德璟的这些陈述，有理有据，一针见血地揭露了明王朝兵饷匮乏与横征不止的原因在于，上有聚敛之君，下有贪赃之臣，饷多而兵少，赋加而民困，陷入"外无兵，内无民"的绝境是必然的结果。

加派没有使大明江山得以稳固，反而激化了民众与政府之间的矛盾，引起社会的巨大动荡，并使明王朝在战场上节节失利。《御定资治通鉴纲目三编·发明》的纂修者对于加赋与动乱的关系有过一个概括："不思寇盗之盛由于民贫，盗未平而惟议加赋，赋加而民不聊生，民不聊生而益起为盗。是惟加赋不惟不能平盗，而适以驱之归盗也。"以崇祯帝为代表的明王朝正是沿着这一恶性循环的路径陷入不能自救的窘境。

二月四日，由于军饷匮乏，外解不至，崇祯帝以为这是由于有司征收不力所致，为此，他谕户部：不严立赏罚，何以劝惩以后？在内责成部科，在外责成抚按，痛禁耗索，能够如数完成赋税征收的，升四品京堂，未完九分者革职。

到了中旬，崇祯帝不知是受良心谴责，还是正视了现实，总算认识到不能再向民众加征了，他向勋戚百官伸手，颁布捐助令，设黄绫册，要求勋戚百官捐助，并且规定奖励办法，以3万两为上等。然而，这些为朝廷豢养的勋戚百官们，谁也不肯站出来为国分忧，围绕筹饷问题闹得纷纷扬扬。有的提出自己请求到各地督促赋税输纳，有的提出向殷实之家进行预征，有的提出卖官鬻爵，总之，千方百计地想法使自己尽量少出，甚至不出。三月初十，大顺军离北京越来越近，他急派太监分别到大臣、勋戚家去，一一落实，强令他们"捐银"。李、郭、周、田都是皇亲。家资巨富，硬是不想多出。太监徐高传谕给周皇后的父亲嘉定伯周奎，让他带个头，拿出十万两银子来。周奎竟说："老臣安得有那么多的银两？"徐高哭着哀求再三，也没有结果，遂拂袖而去。临行，告诉他道：老皇亲如此吝啬，朝廷万难措手。国事必不可为矣！即便你广蓄多产，以后还能有什么用呢！周奎无奈，勉强答应捐1万两。崇祯帝认为太不像话，要周奎至少拿出2万两。周奎便求女儿帮忙，周皇后为了自己的面子，从宫中凑了5000两送给周奎，周奎又匿下3000两。太监王之心是京师的首富，有说他家贮现银30万两，崇祯帝于二十二日召见他，谕令他捐助，他以家中连年困乏回奏，第二天，拿出了1万两。崇祯帝没有办法，遂采取将捐助指标分配给各省的办法，要求浙江6000两，陕西5000两，山东4000两等。总之，费尽周折，总计共得银20万两。在明王朝灭亡前两天的三月十七日，为他最后一次批准下发的军饷，就是这20万两银子。这些银子，是他费尽苦心募集而来的。可以说是他的救命钱。

三月十八日，也就是大顺军攻克北京的前一天，他再次下诏罪己，将三月六日所下诏书重新申述一番，宣布取消三饷加派。他似乎没有想过，此时此刻他说出这样的话来，还能有什么实际意义呢？综观他在加派上的所作所为，崇祯八年（1635年），他在罪己诏中公开承认："今民最苦，莫若催科。"这里连用四个"朕之过"来向国人谢罪，但他却迟迟不肯宣布取消三饷加派，有人说他口称爱民，是口惠而实不至，可谓一语破底。若是进一步去分析，崇祯帝之所以如此死死抓住加派不放，就在于他将加派作为保证军饷的主要来源和行之有效的办法。而其真正的原因，归根结底，还在于国库已无积存。

两天之后的三月十九日，大顺军攻克北京。没收了明朝官府的财产与国库的所有积存。没有多久，京城就出现了崇祯时库存有巨额黄金白银的传闻。

以下几则材料的出现，引起了人们的特别注意。

一是明管理节慎库的工部员外郎赵士锦在《甲申纪事》中说："闯破城后，日以内库银骡车运至西安。见其锭上有凿万历八年字者，闻内库银用至万历七年止，八年以后俱未用也。陈陈相积，扃而不发，卒至以国与敌，可为后世有国者之戒。"且说："贼载往陕西银锭上有历年字号，闻自万历八年以后，解内库银尚未动也。银尚存三千余万两，金一百五十万两。"此书写于是年五月，即甲申之变后一个多月。撰者是明朝工部的官员，亲身经历了甲申之变，又与大顺军有过直接接触。对明朝财政以及对大顺在京期间活动情况有较多的了解。

另一位是明翰林院谕德杨士聪，在《甲申核真略》里亦说："内库有镇库键，皆五百两为一锭，铸有永乐年字，每驮二锭，无物包裹，黄白溢目。其寻常元宝则搭包贮焉。按贼入大内，括各库银共三千七百万、金若干万。其在户部者外解不及四十万，捐助二十万而已。此城陷后之大较也。"杨士聪同样亲身经历了甲申之变，与大顺军有过直接接触，而且注重甲申事实的考证。

还有一位是大顺军破城时任明朝兵部职方司郎中的张正声说："李自成括内库银九千几百万，金半之。"

尽管这一说法，在说明内库所存金银数量上有较大的差别，即有3700万、金若干万说与银尚存3000余万，金150万说，以及银九千几百万，金半之说的不同，还有万后的单位是两还是锭，说法也有不同。有说是锭，一锭五百两。若是锭，那就是在上述数目上各再增加500倍。凡此，无论是哪一说，即便是最少的一说也是3700万、金若干万，也是一个不太小的数目。与崇祯帝的一再申述内帑如洗，其实无有的说法是大相径庭的。由于赵、杨、张三人都是当事人，身份也较特殊，所以，他们的说法受到不少人的关注。

至于说如此情形，为什么不为人知，曾经有人作出这样的解释："甲申之变，逆闯盘踞禁中，库物大半失毁，独从旧库地坎中发掘黄白大锭无算，每锭重三四百金，辇归西安。自京门达潼关千余里，日夜不绝道路。叹谓崇祯天子蓄如许物，奈何数称饷绌耶。而不知此重物系祖宗时所遗。历代相传，掌籍者湮失，故册随不能具举。此亦气数使然，非可力致也。"也还有人说：内帑是内侍掌管的。崇祯帝即位后惩治魏党，得罪了宦官，内侍们都恨他。所以不将内帑的实际情况告诉他，所以他不知底细。吴伟业在《绥寇纪略》中引述出自一个宫中老宦官的话说："后乃知大内之所藏沈沈者，自逆阉大去，其籍守者，见上明察，恐阙而为罪，相戒弗闻！"清初史学家戴笠在《怀陵流寇始终录》中也持此说："先帝诛魏忠贤时，内侍即怀恶意，掌祖宗库藏者，虽国用至窘，时皆不以告。至是尽为贼有！"

事情非常明白，若是这些说辞属实，库存真有白银3000余万两，黄金150万两，崇祯帝放着不用，天天在那里措饷，无休止地设立名目增加税收，又向外戚、官员以至宦官们伸手，又号召民众捐助，弄得民不聊生，农怨于野，商叹于途，并使士兵也挣扎在死亡线上。这哪是一个君王的所作所为！这不是在治国安民，而是在祸国殃民。反之，这些说辞是不实之词，国家穷困，实在是无钱可支，那么崇祯帝的所作所为，即使有失，也是迫不得已，属于理财能力方面问题。因此，有必要弄个明白。

首先，所说明朝库存金银数目过大，差别亦过大，令人难以置信。就其说库存金银数目而言，有二说：一是张正声所说，李自成从明朝内库得到银子九千几百万两，黄金是其中的一半，少则也有450万两。另是赵士绵、杨士聪说银子3700多万两，黄金150两。银数相差近三分之二，黄金相差30倍。若按张说，若将黄金折成白银，1两黄金折合银子100两，总计白银在3亿两以上。即是不行折算，明朝能有450多万两黄金的库存也是个天文数字。何况计量单位有的说是锭不是两，锭比两还要增加500倍。如此巨额的白银与黄金，从何而来？明代晚期，中国商品经济虽然有所发展，白银在经济活动中居有重要位置，要说有这么多的积存，总得有个来源。若是中国就有这么多的白银与黄金储备，那么，整个世界生产的白银又该有多少呢？中国通过什么手段能够取得如此巨额的白银与黄金，也是个无法破解之谜。杨士聪记述了这一说法，但他本人并不相信这是事实。他接着这样说："呜呼！三千七百万，捐其奇零，即可代二年加派，乃今日考成，明日搜掠，使海内骚然，而扃镝如故，策安在也？先帝圣明，岂真见不及此。徒以年来外解艰难，将留为罗雀掘鼠之备，而孰知其事势之不相及也。吁，亦可悲矣。"《明季北略》的作者计六奇说得更为明白。他说："予谓果有如此多金，须骡马一千八百五十万方可载之。即循环支负，亦非计月可毕，则知斯言未可信也。"《平寇志》的作者彭孙贻亦说："今按冠若之言，以五百两为锭计之，三千七百万锭，则十六万万零也。每驮二锭，则八万万马骡始克负此数。合天下马骡亦不过一二百万匹而止耳。京师安从得此马？无稽甚矣。冠若之是非，大都耳食东林之唾馀，而究竟未尝揆之实情。只此一事，灼然可辨甚诬，乃厚诬于怀宗，不亦谬哉！"

其次，永乐与万历二帝在位期间不可能有大量的白银与黄金存入国库。所谓李自成军队押送往陕西的银子上面有万历八年（1580年）的字号，即是说这是此前皇帝节省下来的银子。所谓银子上面有永乐年号，即是说是永乐时的存银。实际上，这二位皇帝都是大兴土木，急需银两，唯恐其不足，哪有可能将剩余下来的白银黄金打上年号存入库内。史载：熹宗在位七年，帑藏悬罄。尝将累朝的铸银瓮银碗、尊鼎重器输银作局，倾销充饷。故饷银多有银作局三字者。此人所共见也。这也说明明熹宗时并没有库存大量银两之事。若永乐与万历存银是实，熹宗为什么不用这些银两而采取销毁银器的方法来取得银两呢？

中国按亩征银的税收制度是从张居正的一条鞭法开始的。而这一改革，即在全国范围内的实施是从万历八年（1580年）开始的。此前国家田赋的征收是两税法，按亩征收主要的是实物。明神宗即位之初，国家财政状况并不怎么好。万历三年（1575年），内库无银，想从光禄寺暂借10万两银子，光禄寺就拿不出来。万历五年（1577年），想从太仓库和光禄寺库存中各提取银子10万两出来，也是因库存无银，就连张房正也不得不出来劝止。实行一条鞭法后，国家财政状况有所好转，但是由于财政开支庞大，财政状况一直很紧张。大

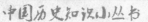

学士沈一贯、太仆寺卿连标、李思孝的报告材料中说，万历初年，太仓老库储银200万两，太仆寺存银1000万两。到了三十三年（1605年）三月，太仓库存银只有18万两，万历十八年（1590年），太仆寺存银27万两，由于国家库存无银，而神宗的索要又不能不给支付，所以就只好靠挪用军费的办法来应付。户部尚书赵世卿在报告中说，三十二年（1604年）拖欠九边军饷银187万两，三十九年(1611年）拖欠军饷银高达895万两。这就足以说明，明代国库已无什么积蓄。所谓银锭上有万历年号之说，即便真实无误，而这上面的万历年号也不可能是当时人打上的。

　　再次，明代国库的管理相当完备，如此多的积存，不可能无人知晓。明朝国库有专人管理，进进出出，都有严格手续，可以说是层层设防。建国伊始，只有内库，内库即国库也。内库共有十库。即内承运库，贮缎匹、金银、宝玉、齿角、羽毛（属于户部管理）；广积库，贮硫黄、硝石（属于工部管理）；甲字库，贮布匹、颜料（属于户部管理）；乙字库，贮胖袄、战鞋、军士裘帽（属于兵部管理）；丙字库，贮棉花、丝纩（属于户部管理)；丁字库，贮铜铁、兽皮、苏木（属于户部管理）；戊字库，贮甲仗（属于工部管理）；赃罚库，贮没官物（属于户部管理）；广惠库，贮钱钞（属于户部管理）；广盈库，贮纻丝、纱罗、绫锦、绅绢（属于工部管理）。正统七年（1442年），明朝设立太仓库，相当于国库，集中存放户部从全国各地征收的银两。太仓库与内库（内承运库）的区分是很清楚的，但由于皇室的挥霍无度，经常向太仓库支取银两，把太仓库都几乎掏空了。清初宋起凤也说：内库有甲乙等十库，皆先朝列宗藏贮重器之所，不只是金银帑币而已。内库之外还有里库，里库设在宫中，内东裕库，宝藏库，谓之里库。里库全都在宦官的控制之下，户部官员不能过问，里库是否存有大量的金银，具体有多少，户部官员是不得而知的。但总的基本情况，官员们还是知道的。所谓"贼入大内，尚有积金十余库"之说，见于野史。崇祯年间官锦衣卫指挥的杨世德《崇祯遗录》对此提出质疑："不知十余库何名？承运库外，有甲字等十库，贮方物也。天财库，贮钱者也，以备内外官员军校赏赐。古今通籍库，贮书画符券诰命也。东裕库，贮珍宝也。外东库，贮方物，无金钱也。应尽此矣。城破，唯东裕库珍宝存耳。安得有所谓十余库积金者。而纷纷然谓上好聚敛，内帑不轻发，岂不冤哉！"有说册籍失损使人对十库积存具体情况不可得知，也是一种推测。即使册籍有失而库依然存在，管理人员亦在，怎么能无人知晓呢？至于说崇祯帝得罪了宦官，宦官们故意隐瞒不向他奏报，所以崇祯帝不可得知。此说也使人不好理解。太监是朝廷的奴才，内库为皇帝的金库，管理内库的内侍有这样的胆量吗？还要强调的是，这里所说的库存是永乐与万历八年（1580年）时的银两，为什么从神宗到熹宗朝就没有人说到宫中有这样一笔巨额的积存呢？那时管库的内侍又有什么理由向成祖、向神宗隐瞒实情呢？退一步说，即使有人斗胆隐瞒了，但隐瞒是不能持久的，如此重大事案为什么从来没有人进行揭发呢？

再者，当年一些知情官员在谈到国家财政时，共认国库并没有什么积存。吴履中任户部侍郎，崇祯帝于崇祯十七年（1644年）二月七日召见他，问：库银现存几何？答曰：八万。吴履中还说："吾尝司计，请发内帑，上令近前密谕曰，内库无有矣，遂堕泪。"崇祯以皇帝之尊而在臣下面前堕泪，其中情形可想而知！此外，宋起凤在《稗说》里也说："崇祯末，以外饷告匮，廷臣数奏请发内帑。上曾命中贵李公讳明臣者为一检其籍，按验之。他宝物价皆不资，独黄金止一万两，白金数万两已耳。"这就是说，崇祯帝曾派专人对库存情况进行认真清理，按照册籍一一查核，应当说不是走过场。若是内库真的积存有如此巨额的黄金白银，居然无人言及，有这种可能性吗？崇祯帝天天为筹饷犯愁，他多疑多忌，为什么没有在这方面起疑心呢？刘尚友在《定思小计》中言及崇祯十七年（1644年）二月时候的情况也说："二月中，贼势愈急，而昌平兵忽变，京城戒严，亟遣官以重饷抚之，始戢，然居庸已不可守矣……然国计实窘极，户部合算海内应解京银两岁两千万，现在到部者仅二百万，朝廷至括内库金帛悉准俸银给发武士，其困可知。"此时距李自成进

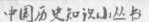

占北京前的一个多月。崇祯帝还在故意装穷，放着内帑几千万两银子不用，这究竟是为了什么呢？难道他真的是个不顾个人安危，宁死也要将这些库存留给逼他上吊自缢的李自成吗？

此外，《甲申传信录》里，还记述说：李自成入京后，"搜宫而大内黄金止十七万，银止十三万，皆因魏珰与客氏偷空。至此，闯见之，大为惊骇，甚失所望。计登极时，赏赐不敷，夹官搜银之令，由是酷矣。"这里说魏珰与客氏将宫中所存金银偷空，是不符合事实的。但所说李自成入京后搜得宫中金银数量不多则是很值得注意的。而这一事实的出现，促使大顺军在京制定并推行夹官搜银之令。清初史学家毛奇龄似乎也注意到这个问题，他说李自成入京后把皇宫里所有值钱的器具，甚至"鼎耳门环钿丝装嵌，剔剥殆遍"，全部加起来，也值不了十万两银子。

总之，上述有关史料可以证明，崇祯内帑中确实没有多少银子。赵士锦在《甲申纪事》中说："予监督节慎库时，为甲申三月十五日，与主事缪沅交盘，库中止银二千三百余两，又钱作八百，国家之贫至此，可发一笑。"这一说法，与崇祯帝所说，基本吻合。

这里还有必要提出的是李自成进京后，确实得到了巨额金银，有说七千万两，也有说三千七百万两，并不是没收明朝库存获得的，而是另有来源。这个来源，便是通过追赃从勋戚、官僚、宦官以及富商那里严刑逼取而来。大顺军入京后，在刘宗敏的主持下，从三月十七日开始到四月四日止，对官绅进行了全面追赃，定出指标：内阁大臣为10万，各部、院、锦衣卫以及顺天府长官7、5、3万不等，科道监察官员和吏部官员5万至3万，翰林3万至1万，其余部属则各以千计。《平寇志》里说：所得总数七千余万两。其中大约侯门十之三，宦寺十之三，百官十之二，商贾十之二。《国榷》也采用了这一说法。这个数字，应当说是可信的。这些银两是大顺通过追赃追出来的，多数来自那些在半个月前向崇祯皇帝哭穷的皇亲国戚及权臣们。半个月前，崇祯帝号召、劝说他们进行捐助，以救国家之急。他们哭穷，千方百计不肯多出。而今大顺军将他们捉拿关起来进行严刑追逼，甚至抄家，他们的老底一下子全兜了出来。大学士陈演家资巨富，被拘捕关押在刘宗敏宅中，为免遭皮肉之苦，派人一次送去白银4万两至刘宗敏府，刘见其慷慨，不行拷掠，仍然予以关押。他为家仆揭发，说在他家地窖中有银子数万两，又说他家中珠宝最多。得到这一信息，刘宗敏立即派人前往搜掘，果得黄金360两，白银48000两，珠宝盈斗。太监王之心家也是京城富豪，大顺军抄了他的家，获得白银15万两，珍玩珠宝价值在15万两左右。皇后父亲嘉定伯周奎几天前，不接受崇祯帝的捐助规劝，哭穷，此时为大顺军捉拿，送刑部追赃，坐赃17万，抄家搜得白银53万两，缎匹以车载者，相属于道。中书汪箕，在京开当铺、缎店七所，追赃10万两。这些人在明王朝最困难的时候不愿为国解囊，结果全都拱手交给了大顺，还受尽皮肉之苦，有的还丢掉了性命，惨死于大顺的酷刑之下，人财两空，亦可谓是咎由自取。

由于这七千多万两之数来自追赃索取，其中得自宫中与库存为数甚少，所以人们不再进行区分。将追赃所得与内帑分开，说有这七千多万两之外，还有巨额的内努库存白银黄金，或说这七千万两是来自内帑，虽无实据，可也事出有因，并非偶然。清初史家对此曾有诠释。《平寇志》的作者彭孙贻在谈到大顺在北京追赃所得七千万两之额时说："宫中久已如洗，怀宗减膳、布衣，酒卮器具之金银者尽充军饷，内帑无数万之藏。贼淫刑所得，扬言获之大内，识者恨之。"毛奇龄在《后鉴录》中也说：大顺军进拷索银七千万两，"宫中内帑金银器具以及鼎耳门环钿丝装嵌，剔剥殆遍，不及十万。贼声言得自内帑，恶拷索名也。"可见所谓七千万两来自内帑之说，是大顺军故意编造的谎言，是为了掩盖在京对官绅追赃的行为，由于人们都知道崇祯朝财政已经崩溃，所以就用内库积存来掩人耳目。

至于所谓银子上镌有永乐、万历年号之事，是原来镌刻的，还是后来镌刻的，不能不说是一个未解之谜。有记载说：李自成"于官中拘银铁诸工各数千，盘敛库金及拷讯所得，并金银诸器熔之，千两为一饼，中凿一窍，贯大铁

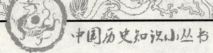

棒，凡数万饼，（搜）括骡车数千辆，马骡橐驼数千，装载归陕"。这大概不是虚构出来的。既然有这么多人在熔铸金银，顺便打上年号之类的，应当说不是什么难事。因为，明朝皇帝收的银子并没有打上年号的习惯。至于说为什么镌的是永乐与万历年号，是否出于偶然，由于记载缺如，很难说个明白。

# 第四章

# 决定明朝命运的北京决战

北京战役是大顺与明王朝之间进行的一次最为重要的战役，也是决定明王朝命运的一次决战。大顺军在李自成的直接指挥下发起进攻，城内明军在崇祯帝直接指挥下防守。战斗从三月十七日开始，至十九日结束，历时两天半，大顺军以较小的伤亡攻克北京，崇祯帝自缢于煤山，明王朝至此覆灭。

# 一　大顺军包围北京

**李**自成进军的计划是分进合击，先扫清外围，切断外部同京城的联系，从西、南、北三面同时并进，包围北京，展开决战。

北京是明朝都城所在地，是明王朝的政治中心和军事中心。明王朝苦心经营了230余年，建立了内外结合多层次的严密的防务体系。明代于昌平、保定设立二总督，在宁远、永平（今河北卢龙）、顺天、密云、天津、保定设立六巡抚，还在宁远、山海、中协、西协、昌平、通州、天津、保定八地设立总兵，均有重兵屯驻。这是京师的外部防务体系。而北京的宫城、皇城、内城、外城组成的城防，则是设立在京师城内的防务体系，这种内外结合，可以说是星罗棋布，无地不防，严密而又完整。

李自成进军北京的计划原是兵分两路，一路由他和刘宗敏率领是主力，另一路由大将刘芳亮率领是偏师。攻克太原后，他依据当时的形势，在兵力部署上作了局部的调整，从他所率领的一路中分出一支，由大将任继荣率领，东出固关，进入冀中，去打真定，这样就形成了以李自成为主力的北路大军，以刘芳亮为偏师的南路军和以任继荣所部为偏师的中路军三路并进的格局。

　　北路大军在李自成指挥下，攻克大同、宣府后，直趋居庸。居庸关位于昌平西北24里，距北京60里，是北京的北大门，号称北门锁钥。关门南北两口，两山夹峙，悬崖峭壁，称为绝险。大有一夫当关，万夫莫开之势。自北而南，分别由岔道城、居庸外镇（八达岭）、上关城、中关城（居庸关）及南口五道组成完整的防御体系。永乐二年（1404年），在此设卫，下辖五个千户所，以加强京师北面的防务。就在大顺军攻取居庸关之前夕，太监王承恩从加强京城防守着眼，也提出守城不如守居庸关的主张。崇祯帝采纳了王承恩的建议。六日，增派唐通率兵8000人去守居庸关，同时派太监杜之秩进行监督。这是崇祯帝为加强北京防守所采取的又一重要举措。在此期间，进士程源曾经上书给辅臣魏藻德请求加强居庸关的防守。他说："其标下总兵马科见兵万人，命速赴居庸与唐通协守，犹可以镇抚万一。"蓟辽总兵王永吉也上疏请求严居庸关守御。唐通奉命于八日率兵增援。由于明朝的增援，居庸关城的守备得到了加强。但对通往关城的柳沟则以为地形险要，不派一兵一卒设防。大顺军将领李牟率部自宣府北上，历怀来，依据获得到的情报，避开与明守军正面交手，采取智取，利用明朝防守居庸部署上的弱点，出其不意地穿过地势险要的柳沟，突然降临居庸关下，叩关叫门。守军茫然不知所措。有记载说："时贼将方战，忽营中突出一虎，东西冲跃，所至披靡。唐通惊仆，被虎擒啮，贼众四合，是虎即以皮卸下，乃贼将谷大成伪扮者，通就执乃降。"当然，这不是历史的真实，可也多少影射出李自成军到达居庸关是没有经过激烈的战斗就拿下了关城。城内守将总兵唐通与镇守太监杜之秩开门迎降。巡抚何谦见此情景，急忙出逃。总兵马岱杀死妻子前往山海关投奔王永吉，王永吉六神无主，于是出关投向吴三桂。大顺军的这一胜利，震撼畿辅。有评论家说：自是"真定、保定、大同皆不守"。不仅起到了震慑作用，瓦解了明军的士气，也解除了来自北部的明军增援京师的威胁，使京师坐困其掌中。

　　李自成据有居庸后，命令大军继续乘胜前进，同时派人持牌遍传远近各州县乡镇，申明大顺军的政策："知会乡邮人民，不必惊慌，如我兵到，俱公

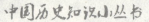

平交易，断不淫污抢掠。放头铳，要正官迎接；二铳，乡官迎接；三铳百姓迎接。"这一行牌收到了立竿见影的效果，京西地方官吏见大势已去，或降或逃，闻风而解体。

当天午间，大顺的先遣部队经红门川到达昌平。昌平位于太行山与燕山交会处，是北京的天然门户，素有京师之枕、甲视诸州之称。距北京约120里。这里是明皇陵所在地，明朝永乐以来皇帝陵墓都在这里，是明朝设防的重点地区。明朝在这里设立总督、巡抚与总兵，布阵四万，严防固守。然而，由于缺饷，士兵生活得不到保障，六天之前，不堪忍受饥饿的守军举行兵变。官衙民舍，被抢掠一空。虽然很快被平息了下来，但土兵元气大伤，兵将关系十分紧张。他们对明王朝已经失去了信心，都不愿意去为朝廷卖命。他们与当地民众一样，日夜期盼着大顺军来到来。所以，大顺军来到后，就劝守将总兵官李守铢投降。李不甘心投降，可也无力与大顺军抗击。守兵们就对他说：老爷不愿降，我们就去了。李见军心如此，回马来到门房自缢而死。大顺军来到三里坡，当地的老人、生员在路旁等候迎接。刘宗敏率部来到时，昌平守兵恭诚跪迎，齐声道："昌平守兵降。"刘宗敏告诉他们说："圣驾在后，准备接驾。"少顷，李自成也来到昌平。如此重要的战略要地，就这样，几乎没有经过大的战斗，仅半天时间，就轻而易举地拿下了。消息传至京师，兵部尚书张缙彦派轻骑侦探前去打听，回来的奏报却是昌平军兵无饷哗变，很快就被平息了。崇祯帝悬着的那颗心稍稍得以平息。没有多久，昌平失守的正式奏报送到了御前，打开一看，惊呆了，昌平已为大顺军占领。而使他没有想到的是，大顺军没有在昌平驻足，连夜自沙河南进，直逼北京城下。

中路军是烦军自太原北上第四天，即十八日这天，由任继荣率部东行攻下固关。固关是通往河北的重镇。南面是杨庄口，北面是娘子关，中间有八处隘口。保定巡抚徐标十分重视这里的防务，并亲自来到这里进行部署，堵塞了七个隘口，只留固关一口通行，并在紧要地方埋下地雷。大顺军一举攻克固关，引兵东向，直通真定府。这里是明总督畿南、河北、山东仍兼保定巡抚徐标的驻地。真定知府丘茂华准备向大顺军投降，先让人将家属送出城去。徐标察知后，立即将丘茂华逮捕下狱。副将谢嘉福乘徐标登城布置防守事务时，出其不意，将徐劫出城外，杀掉。打开牢狱，释放了丘茂华。丘出狱后，向所属州县发出通知，归附大顺。二十三日，任继荣派遣数人来到真定府，接受移交府库的各种册籍。真定府就这样，没有经过什么战斗就顺利据有了。真定府失守的奏报传来，崇祯帝召见兵部尚书张缙彦，问道：真定陷，李建泰遇害卿知之乎？对曰：不知道。问：朕宫中皆知之，何讳也？对曰：臣未见塘报。又曰：真定城已失守，虽没有塘报，卿也没有派人前去探听？对曰：派出侦骑须有工食，臣部钱无一缗，哪里会有侦骑呢？

任继荣夺取真定后，继续北上，攻占定州，直趋保定，与刘芳亮的部队会合。

刘芳亮率领的南路军于永昌元年（1644年）二月在蒲坂渡河，经平阳，越太行山，尾随明将高杰，进入豫北清化镇，高杰不敢与之战，继续南逃，穿过晋南，沿黄河北岸向东，到达济源，黄河北部州县大震。怀庆府大白天也关闭城门，不让人出出进进。三日，怀庆守军举行兵变。福王朱由崧自洛阳失陷后，同母亲一道逃至怀庆避难。十九日，大顺军逼近怀庆，朱由崧与其母匆忙向卫辉逃窜，母子二人刚出东门，就走失了。居住在府城的郑王朱翊铎不知所终。陈德是陈永福的儿子。陈永福是有名的将领，与陈洪范齐名，世称南陈老花子者。陈德出身于将门，因有军功升为副总兵。但他的部下素多骄横，不守法度，唯有苏京能够驾驭。于是陈德与苏京二人相互忌恨。此时二人同时投降大顺军。

几年前，陈德参与开封守城，有说是他射中了李自成的左目，造成左眼失明。陈德降后，顾虑重重，李自成不计前嫌，依然用德为镇将。陈德成为大顺将领后，同刘芳亮一道投身于为顺攻城略地的战斗。而对苏京李自成则是另一种态度。李自成很看不起他的为人。说你是进士，投降就这么容易吗？让他穿上妇人衣服，脸上涂脂抹粉，头戴簪花，骑驴在城中游街示众，以为笑料。

又让他身穿青衣，侍奉左右，他为了活命，丑态百出，居然奉命是从，了无怍色。后来，大顺军退走，他乘机逃脱。

怀庆府辖六县，刘芳亮在此设置防御使、府尹，并对所属六县派遣了县令。接着，大顺军东进，直逼卫辉府。居住在这里的潞王朱常淓与避难在此的福王朱由崧母子在大顺军还未到达之前，即在总兵卜从善的保护下，携带宫眷和宝器渡河南逃。只顾逃窜的明将高杰，在马头镇与大顺将领满天星的部队相遇，大惊失色，以为大祸临头，急忙率部东走一昼夜不敢停步。

长治古称上党，历来是兵家必争之地，明朝的沈王分封在这里。刘芳亮向潞安进军，潞安府县的官员闻风而逃，当地士绅不禁叹息道："夫河东上党，为古来用武必争之地，而皆唾手得之，天下事不可为矣。"大顺军捉拿沈王朱迴洪，缴获了宫中所藏大批金银宝器。刘芳亮任命孙明翼为潞安防御使，让他负责追赃助饷，捉拿诸郡王宗室及乡士大夫，严刑追逼，索取金银，动以予万计。

大顺军主力离开长治后，东下彰德府（今河南安阳），城守参将王荣领兵护送赵王逃走，为大顺军追兵追上，被俘后，拒不投降，与其子师易同时被杀。大顺军万人东下，在水冶镇遭到指挥同知高应诏的顽抗。先后在龙山、马鞍山受阻，大顺军大队人马赶到，将高应诏团团包围，高孤军力战，没有救援，遂战死于疆场。二十八日，大顺军攻取滑县，进抵山东西部，迫近运河交通线上的济宁。

刘芳亮留大将刘汝魁镇守河南彰德府一带地方，自己带着部队取道磁州（今河北磁县），进入畿辅地区，迅速占据大名府，广平府（今河北永年县）的明朝地方官逃窜一空。居住在广平府的明通州总兵张汝行，派心腹前往磁州向刘芳亮纳款。三月初十日，大顺军进入广平府，张汝行郊迎30里。略事休整后，刘芳亮任命翟凤者为防御使，留下郭都尉、常掌旅领兵500名镇守广平，整军北上。张汝行充当向导，相继北收邢台、河间等地，一路上皆望风归附，迫近运河线上的重镇沧州，至此运河北段的交通线尽在大顺军的控制之下。

　　十三日，刘芳亮与任继荣在保定城下会合，包围了保定重镇。保定是北京的南大门。明朝在这里部署有重兵，设立总督、总兵。崇祯十六年（1643年）二月，加保定巡抚徐标兵部侍郎，总督畿南、河北、山东军务。保定巡抚兼提督紫荆等关，兼管河道，统天津、紫荆、井径、大名四道兵备，河北六府卫所等军务。李建泰代帝出征后，也在这里安营。其目的，就是为了加强北京南部保定一带的防务，以阻击由南而北的军事进攻。大顺军兵临保定城下，阵容壮观，络绎三百里，羽旗铁甲，炯烁夺目。尘垒纷起，马嘶人喊，海沸山摧。旌旗所向，明朝守土文武官吏率皆望风降遁，保定城里的百姓不愿为朱明王朝坚守，要求开门纳款。就在这时，人在保定代帝亲征的督师李建泰，眼看大势已去，难以挽回，不如及早投降。可是，署府事同知邵宗玄和新任知府何复，却同当地乡绅张罗俊沆瀣一气，坚决主张守城。他们责骂百姓无知，不懂君臣大义，下令人缀崇祯钱一枚于额，以示拥戴主上之义，驱使军民上城拒守。

　　大顺军分进合击，以排山倒海之势从东北南三个方面，扫荡了明朝势力，完成了对北京的包围，歼灭了明朝部署在西、北以及南面的势力，同时由于占有了陕西、山西、河南与河北南部，也切断了南方明军对北京的增援。而它的北部山海关以北的地方，是大清的地盘。北京孤城陷入大顺军的包围之中。决定明王朝命运的大战即将展开。

## 二 北京的城防设施与明朝坐以待毙的部署

面对大顺军分进合击的到来，崇祯帝守卫京师的总体部署，大致是依靠王承恩固守城区，依靠李国桢防守城外，号召组织勤王部队增援京师。而调集勤王部队增援至关重要。此前，明代出现的几次京师危机，都是由于勤王部队及时赶到才得以解围的。如今，张献忠转战湖广、江西，正在向四川进军，使他不能放心地抽调江南部队勤王，关外清军虎视眈眈，使他迟迟不敢调关宁守军勤王，原部署在陕西的边兵劲旅已全部被歼，再加上大顺军实行的是分进合击，三面包围的战略，在包围北京之前，已经全部占领了陕西、山西、河南、河北，切断了北京与外地的联系，即使有援兵勤王也到达不了京城。因此，他几次发出勤王的号令，可落实不到行动上，只是说说而已。那么，他的唯一指望就是三月六日为他下达的调吴三桂入援的诏令，但取得的实际效果，却使他大失所望。因此，北京的防守，说到底，只能靠北京的城池与原先部署在京的军兵了。

固若金汤的城池是北京的屏障。明代北京城有紫禁城、皇城、内城和外城组成。紫禁城位于城中心。其外又环以更大的城墙，称之为皇城，外面还有内城，再南是外城。

紫禁城即宫城，也就是今天北京明清的故宫，位于内城中部偏南地区，周长六里十六步，有高墙环绕，城高三丈五尺有余，厚二丈二尺，成长方形，城外还有护城河，又名筒子河。城四边都有高大的城门楼，皇城内为宫城。宫城有八门：正南第一门曰承天门，二重门曰端阳门，三重门曰午门，午门魏阙分为右掖门、左掖门，正南有午门，东曰东华，西曰西华，北曰玄武。

皇城在宫城之外，用砖砌成，外涂朱红色，墙顶覆黄琉璃瓦，周长十八里有奇，城高一丈八尺，顶宽五尺余，皇城有六门。大明门南向直正阳门，东安门直朝阳门，西门安直阜成门，北安门直德胜门，大明门东转为长安左门，西转为长安右门，于京师正中。

内城即元大都城改建而成，周长45里，建于明洪武元年（1368年），城墙东南西三面各高三丈余，顶宽二丈，北面高四丈有奇，宽五丈。各门有月城。正统元年（1436年）加砌砖石。城墙高三丈五尺五寸，其厚六丈二尺，顶收五丈，垛口五尺八寸。内城有九门，正南为正阳门（前门），左崇文门，右宣武门；东之南为朝阳门，北为东直门；西之南为阜成门，北为北安门（彰义门）；北之东为安定门，西为德胜门。

外城又叫重城，在内城南面，周长共计七十余里，城墙基宽二丈，顶宽一丈四尺，高一丈八尺，垛口五尺，共高二丈三尺。外城门七，正南曰永定，南之左为左安，南之右为右安；东曰广渠，东之北曰东便；西曰广宁(清称广安)，西之北曰西便。

北京的城建有城墙、城门、瓮城、角楼、敌台、护城河多道设施，城墙用石和砖包砌，具有防火以及抵挡弓箭和其他投射武器攻击的功能，使敌军无法在没有装备例如云梯和攻城塔的情况下，爬上陡峭的城墙。而城墙顶端的防卫者则可以向下射箭或投掷物对攻城者进行袭击，攻城者因而全然暴露在开放的空间之中，相较于防卫者坐拥有坚强的防护和往下射击的优势，而城外攻城者在向上射击时显得相当不利。各城城门设有门楼，建有瓮城，上筑敌台176座，铺176所。城墙上的城门和出入口尽量地缩小，以提供更大的防御度。城墙上外侧筑有雉堞，又称垛墙，上有垛口，内外两城垛口20772个，下有炮眼12602个，可以用来射箭和瞭望。内侧矮墙称为女墙，无垛口，以防兵士往来行走时跌下。城外开挖护城河，河面宽至30—60米，河上的木吊桥全部改建成石桥，天启元年（1621年），对四周城壕进行全面的修浚，不仅使城与河在建筑上有了更加紧密的结合，也使城池为一体，防御更为坚固，从而形成了极其坚固的城市防御体系，有效地保障了北京的安全。

　　驻守京城的京军三大营是明朝的精锐部队，也是当时装备最好、实力最强的部队。通常保持在30万人左右。他们肩负着首都的城防与安全保卫，类似今天的卫戍部队。三大营的建制时有变化，但其主力部队的地位没有变化。最初三大营编制原为10万人，后定额为38万余人。实际在册人数为14万余人。崇祯二年（1629年），兵部尚书李邦华曾对京营三大营人员进行整顿，清理虚冒老弱，以12万人为定额，非年壮力强者不录，自是虚额冒滥得到遏制。三营选锋万人，壮丁七千，饷倍他军。李邦华还下令，每个把总统兵500，每月自简5人，年必25以下，力必250斤以上，技必兼弓矢火炮，每月解送一次，以补选锋壮丁之缺，自是人人思奋。改善京营饷银支付办法，自是营帑遂裕。强化营将360人管理，杜绝请托，按日进行详细登记上报，以定殿最。因而，军容甚壮。崇祯十五年（1642年），兵部报告中说三大营军兵加上内直军共130962人。这里所说的内值军即侍卫上值军，约11000人，除去这个人数，京军三大营在册发给军饷的人数约12万人。时至崇祯十六年（1643年）三大营的情况，王世德述之详细："三大营之领者，总督、提督、协理。外有四卫营，以龙骧左、龙骧右、武骧左、武骧右四卫官充之，为天子禁旅。以御马监掌印太监为提督，后曹化淳领之，改名勇卫营。以黄得功、周遇吉为将，练为战兵。又有巡捕营专司捕盗，以五府带俸都督为提督，后知设内臣一员，名内提督。及王之俊为之，亦练为战兵，改名为练捕营。襄城伯李国桢请选京卫右官，应袭舍人六千充护卫，名选练营。总计京营兵不下数十万，而可用者，独通卫营。"崇祯十五年（1642年）四月，吴甡还就京营配置作出谋划，选取5万战兵淘汰老弱，并对如何做到淘汰者心安而不哗，选人精良而不胡乱充数，提出建议："京营原募边勇营一方二千人，专门训练骑射，月支米一石，盐菜银一两。又有壮丁营，专练火器者三万，月支米一石，银六钱；余皆月支一石，无盐菜也。近日验之，与散兵无异。臣责各将领，曰粮分厚薄，而兵无强壮，何以服众军士？今后行分练法，各将领日拣骑射，火器精熟而力举三百斤以外者，另列名籍，旬日呈总协合操之，如式者，散兵拔为边勇，下则边勇降为散兵。壮丁亦然。老弱不堪者革退，另选精勇者补伍。行之数月，选练者十之一二，汰之者十之二三。此法常行，军士皆鼓励练习，以图厚糈，而被汰者亦无怨。"这不能不说是一个两全其美的做法。吴姓还就如何提高部队守战能力提出建议：主要问题是选将，有战将自有战兵。五万亦不为难。但法易简，事忌纷更。崇祯帝很赞同这一建议，告诉兵部，从速实施选将，不可悠忽。然而，从总体上看，三大营兵全都是京畿地区的恶少年，他们虽然穿上军服，骑上战马，但却不肯用心操练，积以时日，习以为常，要有所改变，谈何容易！

三大营的装备是第一流的，拥有当时最先进的火器。明末北京城内先后设立6处火药厂局，凡是京营火器所需的铅子、火药都是由王恭厂制造，以备京营来领用。仅神机营单练火器编制军就有20个千总，人数可以到2万。明代火器运用以炮为主，但是也有各种口径的火枪，以及手榴弹之类的东西。《明史·兵志·火器》记载：明成祖平交趾，得神机枪法，特置神机营肄习，大小不等，大者用车，次及小者用架、用桩、用托。大利于守，小利于战，随宜而用，为行军要器，在永乐时是以神机枪为主，是从中南半岛学来的，其制造方法，口径大的神机枪要用车载，但是威力不算大，到嘉靖八年（1529年），引进葡萄牙火炮（佛郎机）火枪，火炮火枪已成为明军步兵的主要装备。稍后又有从外国进口的红夷大炮（又叫红衣大炮）。此炮安放在禁城西灵济宫，炮身长二丈许，大合抱，色若青铜。能容火药石馀，铅子大小亦以石计。发炮后，声如雷鸣，浓烟腾空而起，铅子飞及于十里之外，杀伤力极大。

此外，城内还有装备最为优良训练有素的禁旅。它是于御林军之外设置的一支部队，共计3000人。这些人都是精心挑选出来的，授以精甲锐器，人给骏马一匹，待遇也较优厚，其人马供给待遇倍于三大营。主要用作皇帝检阅和陪伴皇帝出行，平时在校场上表演，射无虚发，可以说人人都是神射手。

此时北京危急万分。崇祯帝还在发号施令，各地镇兵依然拥有一定的实力，正如李邦华所说："近畿招募，可行数十万。"若是措施有力，增强京师守卫力量不是不可能的事。

三月的京城，战争的阴霾使官绅士民惶惶不可终日，崇祯帝切身感受到民众离叛的气氛。自李自成挥师东进以来，京师成为大顺志在必得的目标。他对此有着清醒的认识，倾尽全力来拯救危机。但对于如何增强北京的军事防务，并没有作出相应的抉择。诚然，北京有着固若金汤的城池与完善的防御体系，有京营在守护。但京营军兵的实际状况并不乐观，也就是说京城防备在兵力上是薄弱的。而这一点就连清方四王也清楚这些。他曾说："北京武备空虚，可取，奈有外镇。莫如先取外镇，则京城唾手可得。"这就是说，北京的防守主要靠外镇，而不是京城自身的力量。一旦外镇失守，那么，要保住北京是很困难的。李自成攻打北京的策略，是先扫清外围，歼灭周边的军事重镇，使北京陷于孤立无援地位，然后再去展开进攻。崇祯帝感到危急可怕，把增兵措饷作为工作的重点。由于明军在战场上的失利，造成兵源枯竭，他所以不敢将辽东部队调回御寇，就在于怕清方乘虚而入，越发不堪收拾。他所以不去调南方诸将勤王，就在于张献忠在南方四处征战。所以他想采取加强对军兵监督的办法来提高军队的战斗力，让山西各镇的部队来阻击大顺军，所以在此期间，真正用于阻击大顺军东进的部队，几乎全是山西境内的部队。北京的城防则靠的是北京已有的军队。

这时，李国桢向朝廷提出守城不如出战的建议。崇祯帝立即同意了。于是李国桢从北京守军三大营中抽调3万人（一说5万）营于城外新桥南，调集马骡运载军用物资，花了10天时间。在城外构筑防御工事，按八阵图布阵，联营15里，企图在此阻击大顺军的来犯。

大同失守，京城为之震惊。崇祯帝命文武勋戚分守京城，新乐侯刘文炳叔父刘继祖守皇城东安门，左都督刘文耀守永定门，驸马都尉巩永固守崇广门。

二日，又命内监及各官分守北京九门，襄城伯李国祯原为昌平总兵，此时委以重任，提督九门，负责京城防务。诸门增派卿贰一员，勋臣一员。鉴于城内守军严重不足，命令城内勋臣外戚都要上阵参与城守工作。加强城内人员的监管，实行宵禁，昼夜巡逻，严缉奸细。此时此刻群臣中还就是否调吴三桂入卫问题争论不休。

六日，崇祯帝断然决定调兵勤王，放弃宁远，命令驻守蓟辽总督王永吉、宁远总兵吴三桂统兵入卫京师，又命蓟镇总兵唐通、山东总兵刘泽清率部勤王。特派太监谢文举星夜驰赴山海关传达此命。告诉吴三桂说："流贼猖獗，京城将陷，吴三桂宁远可弃，率兵勤王。"刘泽清接到调令诡称自己坠马受伤，不能马上前往。崇祯帝无法，只有用赏赐银两办法表示慰问。而刘却不领这个情，率部在临清一带大肆抢掠，后南南去。在密云的唐通接到命令后率部8000人到达北京，驻扎在齐化门（一说彰化门）外，崇祯帝十分高兴，赏给大红袍蟒衣苎丝二表里，白银40两，又给了一些犒兵银两，士兵平均每人银五钱。第二天，又命唐通前往居庸驻守。为了控制这支部队，便派太监杜之秩监军。唐通感到在崇祯帝的心目中，堂堂总兵官竟不如一个奴才，便将朝廷赏赐的东西摔在地上。尔后，率部前往居庸关驻守。大顺军一到，他就率部投降，恐怕这也是一个原因。同一天，他命太监马司理急赴大同，督兵防守。以王则尧为右佥都御史巡抚密云，以宋权为右佥都御史巡抚遵化。

八日，崇祯帝命司礼监太监王承恩提督京城内外诸军务，又命蓟辽总督王永吉节制各镇兵马，俱听便宜从事。王承恩原为司礼监秉笔太监，对于兵事可以说是一窍不通，更没有任何实战的经验，这时成了凌驾于督抚总兵之上京城防御的总指挥，再次表明崇祯对文武百官失去信心。

十日，崇祯帝匆匆发出两道上谕。一道是诏封吴三桂为平西伯，左良玉为宁南伯，唐通为定西伯，黄得功为靖南伯，各给敕印，飞檄敦促王永吉、吴三桂火速率兵入卫。另一道谕旨是命内监及勋贵、科道等官分守九门，禁止百

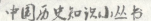

姓上城。为此，宦官们大发牢骚说：满朝文武大臣都干什么去了，叫我们登城守卫，当年停止内操，解除武装，我们连盔甲、武器都没有，怎么守城？其实，就是给他们配备上最好的武器他们照样不能临阵御敌。这是因为他们不具备军人的素质与条件。

十一日，宣府失守。消息传来，崇祯帝深知单靠京营的守军是抵挡不住大顺军的来犯的。他似乎对文武百官失去了信心，认为他们在关键时候会离他而去，唯一能使他信得过的只有内臣太监。

十二日，由于大顺军的逼进，北京近郊陷于混乱之中。崇祯帝召见群臣，询问兵饷，廷臣无一人应对回话。第二天，召见群臣，询问应对策略，群臣又是默不作声。无兵无饷，使群臣处于两难之中，外无援兵，只能将讨论的重心放在城内已有的兵力上，增兵外城则内城缺，增兵内城则外城缺。礼科左给事中戴明说上疏指责李国桢在防守部署上失误，可也为时已晚，没有挽回余地。兵部就如何调兵勤王进行商议，也没有结果。崇祯帝按捺不住胸中怒火，对着兵部尚书张缙彦大发雷霆，斥责他不忠于职守，张缙彦顿首谢恩退下。当天下令各门严防固守，俱增设红夷大炮，这是杀伤力很大的武器，也是当时最为先进的武器。为了鼓舞士气，发给九门守兵每人钱一百。

十四日，崇祯帝召回已退职的太监曹化淳，让他负责彰义门的防守。曹化淳是在朱由检为信王时入宫的太监，后为崇祯帝的御前秉笔，他的二弟官至都督，诸侄都是世袭锦衣。此前已经退职，由于大顺军的逼进，情况紧急，这时崇祯帝传命将他召回负责彰义门防守，表明他对文武百官已经失去了信心。

十五日，大顺军攻占居庸关。京西地区的守土将吏闻风解体，或降或遁。刘宗敏发出战表，十八日至幽州会同馆暂缴。崇祯帝急命李国桢率领三大营屯驻城外御敌，命王章督率城内防务。

十六日午间，昌平失守。崇祯帝得知后，急命太监王承恩、阎思印、谢文举各领兵三千出城御寇。大顺军没有在昌平驻足，连夜自沙河南进，一路上居然无人拦阻。要知道，这里不是荒无人烟的边远地区，而是明王朝的京畿之地，李国桢曾调集三万京军在此设防，筑起城外防线。傍晚，大顺军先遣部队已经到达北京北面的土城，即元代的大都城北遗址，并且继续快速推进到达内城平则门下。有记载说，大顺军自沙河至北京内城平则门，见土城列守森然，不敢进。张汝行骑兵来到，大声喊道："事势如此，守亦何为！"于是守军哗然。他们见到大顺军的到来，不战即溃，原在各地的设防，以及李国桢在此设下的防线全被摧毁，军中甲仗火器，全为大顺军缴获。大顺军得到这些武器装备，兴高采烈，遂向北京外城挺进。由于没有经过大的战斗，所以很多人并不知道出现在这里的变化。昌平距北京120里，大顺军已经占据昌平，但京城里没有在第一时间得到传报。兵部尚书张缙彦听到风声后，火速派人前往打探，居然回报是昌平出现兵变，已经得到平息了。更为可笑的是，守卫平则门的明军发现有兵在城下，进行盘问：何处来的？答曰：是阳和的勤王兵。守兵竟然不再进行查问，以为真的就是阳和派出勤王的部队来到。但没有多久，他就得知来到城下的不是勤王部队，而是大顺军的先头部队。

大顺军到来速度之快出乎崇祯帝的意料，京城守军没有思想准备和应敌准备，因此，一见到大顺军的铁骑突然降临在自己面前，就乱了阵脚。

崇祯帝急忙邀集朝臣在朝房共商对策，诸臣面面相觑。李国桢语出惊人。他说：今州县百姓皆从贼，是害怕杀他们。我们为什么不能采用这种办法？现在百姓中有二心者，必杀无赦。他想用大开杀戒的办法，杀掉所有对明王朝暴政不满的百姓，这就注定了他与他所依附的明王朝的败亡不可避免！直到罢朝时，也没有拿出个可行的意见。崇祯帝得知大顺骑兵已经进抵土城，大为震惊，然而一些大臣们还在说大话，说空话，说城坚势重，外有大帅足倚，即使围上三个月也无大的伤害。只要城里多储备米煤，其他不必过问。这纯属自欺欺人！

# 三  李自成的战和策略与北京和谈

十七日，大顺军到达北京城下。有说参与攻城的大顺军有五六万人，很可能是指精兵而言的。就其参与攻城的人数来看，当不下于15万。这个数字是从大顺军入京后的发兵人数推算出来的，十二日东征部队是10万，留守有万人，唐通率兵前往山海关8000人，还有派往增援山海关的2万人等。这个数字不包括南线由刘芳亮率领的偏师2万多人，因为他们还在攻打保定，没有到达北京城下。

李自成等大顺军领导人清楚地认识到这一战役，非同一般，既是决定明王朝命运的一战，也是事关大顺前途命运的一战。他们虽有必胜的信念，但在具体做法上还是持慎重态度的。与城内守军（不包括勤王部队）相比，为顺军的攻城部队在数量上也很难说多上多少。武器装备上，由于得到不少的缴获，较前有所改善，拥有各种火器和兵器，总体上也并不比城内守军好多少，甚至不及于城内守军，因为城内守军是明朝装备最好的部队，而且北京有着严密完备的防御设施，北京城防构建也是第一流的。因此，要夺取北京，必须付出很大的代价。为了减少伤亡，李自成决定采取军事攻战与政治瓦解、和平谈判相结合的方式，在发起总攻之前，先派出代表进行谈判，以期通过城下之盟达到据有北京的目的。

李自成将临时指挥部设在巩华城。巩华城位于昌平南20里。《光绪昌平州志》载："巩华城，旧名沙河店，明初北征多驻于此，有文皇帝（永乐皇帝）行宫。"永乐皇帝在位期间前后五次出征蒙古，而且每次都是御驾亲征，沙河店地区是大军车马的必经之地，因此在这里修建了皇帝行宫。这座沙河店行宫也就是巩华城的前身。刘宗敏担任前线总指挥。

李自成一方面命令部队包围北京，做好军事进攻的各项准备工作，同时派出代表前往城内同崇祯帝谈判。经过反复商讨和思考，李自成从投降过来的太监中选拔两名作为大顺代表，一个是在宣府投归的太监杜勋，另一个是在昌平归附的守陵太监申秀芝。这二人都是崇祯帝信过的太监。让他们作代表，便于来来往往，容易与明朝廷沟通，以减少某些阻力。因为此时崇祯帝命太监王承恩提督全城，全面负责守城军务；又命前太监曹化淳分守北京诸门。为了防止事出意外，在杜勋等入城谈判时，大顺军将俘获的秦王、晋王作为人质留在身旁。

这天午后，杜勋、申秀芝作为大顺的代表来到北京城德胜门，看到城门紧闭，遂将李自成有关约降的书信用箭射入城上。并对城上喊道："城上人不要发射，我是杜勋，可缒一人下来说话。"杜勋是知名太监，在太监群体中是无人不知的。听到杜勋喊话，守者回话："可留一人为人质，请公上来。"杜勋回答道："我杜勋什么也不怕，何须留人质呢？"城上守军即刻进行奏报。因王承恩与杜勋相识，没有遇到什么阻拦，很快就同意了，太监曹化淳、王德化等用绳索将杜勋等人吊到城上。杜勋是崇祯帝的心腹太监，被派往太原担任监军。太原失守，传出的消息是杜勋殉难，崇祯帝为表彰他的情操，赠以司礼监太监，荫锦衣卫指挥金事，并准备立祠纪念，至是，才知道杜勋没有以身殉国而是背叛了大明王朝，投靠了大顺。巡城御史王章在三月十八日的上疏中说是昨夜的事，昨夜必定是十七日夜。《甲申核真略》中明确记载："杜勋十七日射书入城，线索潜通。"也说明和谈是从这天开始的。杜勋与申秀芝入城后，在王承恩的带领下，入居大内。当晚，崇祯帝在平台召见了杜勋等人，并且同他们交谈。明朝方面参加谈判的还有辅臣魏藻德。

关于谈判的内容，有关记述极为简略，而且相互舛错。从现有材料来看，李自成提出的是两个方案。一是劝崇祯帝退位，归附大顺。《流寇志》里载：守陵太监申芝秀自昌平降贼，亦缒城入，备述贼不道语，请上避位。上怒叱之。《明史》书作："遣降贼太监杜勋缒入见帝，求禅位。帝怒，叱之。"说得也是这件事。请上避位与禅位是同一个意思，就是要崇祯帝退位，交出政权，这是一个较为苛刻的方案。"上怒叱之"，是说崇祯帝对这一方案的态度，反应十分强烈，拒绝接受。另一个是划地而守，中分天下。这一方案承认崇祯帝的地位，同时要求崇祯承认大顺的合法地位。陈济生在《再生纪略》里说：李自成提出欲中分天下。《怀陵流寇始终录》所载尤为具体：杜勋转达李自成要求是据西北一带，分国而王，发给犒赏军银百万，退守河南；受封后，愿为朝廷内遏群贼，外制辽沈，但不奉召入觐。这后一个方案，条件较第一个方案有所放宽，维持了崇祯的帝位，承认明朝的存在，但崇祯帝还必须在经济上给予补偿。

这两个方案在第一次谈判时，都提了出来，第一个方案当即为崇祯帝所否定。对于第二个方案，作为战败者的明朝大臣们认为这是一个可以接受的方案。而崇祯帝的内心则充满矛盾，下不了决心。《明季北略》载："朝臣皆以为可。上泣曰：祖宗费却多少精神，历尽艰难，创此山河，为不肖子孙，狃于安乐，一旦将地方割去，朕即死归泉府，亦无面见高皇在天之灵。宁死可也，割地不可。"这第二个方案，崇祯帝也不想接受，又觉得是个机会。他将目光投向魏藻德，说道："此议何如？今事已急，可一言决之。"他希望魏表个态。魏的心里也很明白，如此大事，圣上不表态，我魏某岂敢轻易表态，只好一言不发，来个曲躬俯首。崇祯帝无奈，站起身来催问，连续问了四次，魏还是默不作声，谈判在关键时期陷入僵局。由于他还拿不定主意，所以，他便对杜勋说："且等回话。朕即这样决定，有旨约封。"说罢，怒气冲冲地将御座推倒在地。显然，这是对魏态度不满的回敬。这时已是深夜。第一次和谈就此结束。

十八日，谈判继续进行。等待崇祯帝的最后回话。《甲申纪事》记述其事说"勋往返而议不成",与"且等回话"可相互证,说明和谈不是一次就了结了,《爝火录》里记十八日事也有"杜勋又从德胜门射书约降"的记载,一个又字表明这不是第一次,此与往返而议可相互证。由于和谈不是一次,时间也不在一天,所以史书记述其时间有作十七日,也有作十八日的,且内容也有不全同,大凡各有所据。陈济生说十八日"申酉时分贼密遣杜勋通话"。如果时间不错,那么第二次再谈的时间,就是在这天晚上,这次谈判有两个时辰,一直到二更时分。这天晚上,兵部尚书张缙彦登城巡逻,走到正阳门,见城楼上摆有一桌酒席,有一人坐在上座,在旁边坐的是几个内官。数人见张来到,起身打招呼,张问上坐者何人?答曰:城下都督爷。张问何以登上城门?内官拿出一纸来,上面用墨写着"再与他谈"四字,是皇帝御书。张缙彦全然明白。后来张在谈到有人问他在巡视城防时见到的御书草纸是朱写还是墨写,他说是朱写而不是墨写。另外,李长祥是崇祯十六年(1643年)进士,入翰林,为史官,大顺军入京后,被俘,在追赃中遭拷掠,他记述其事亦谓:

> 三鼓余,兵部尚书张缙彦巡城,自东来,将至正阳门,其处之城上有酒筵,上坐者一人,旁坐者皆内官。则数人见缙彦,起。缙彦问何人?内官曰:"城下都督爷。"缙彦惊问何以得上?内官出一纸,草纸也。其上墨写"再与他谈"四字,帝之御书。缙彦默然。过正阳门西,总督京营襄城伯李国桢相遇,言其故。国桢曰:"败矣。奈何!吾有劲兵三千,将图与之战,只此尔!"缙彦去,计其所历,当至德胜门,正贼进之时也。今人谓:帝英主也,何与谈!其谈之者何事,缙彦再官浙江布政司,有司问以巡城事,无异词惟帝之御书草纸,谓是朱写非墨写。据十七日叛监杜之秩至城下,李自成遣来时,有议城上,太监与之上,则言自成邀朝廷割西北一带地。现欲犒师百万两,诚得如其议。则解兵去……至十八夜帝之草纸御书所云"再与他谈",或即谈此。

此记或许是取材于张缙彦的奏疏。其中所言叛监杜之秩是杜勋之误,杨士聪在其《甲申核真略》里曾说：杜勋，坊刻或讹传为杜之秩。这里虽无言及谈判内容，可也用简略的文字记述了谈判的场面。"再与他谈"是崇祯帝的手谕，至少是第二次谈判。上座者一人，即杜勋，大顺派出的代表。"旁坐者皆内官"，可知都是内官数人，此即崇祯帝委派的谈判代表，或是负责接待杜勋一行的官员。这"数人"即是这个手谕的持有者。这次再谈，崇祯帝没有出面，只是让太监同杜勋谈判，讨价还价，但最后还要等他表态。

张缙彦是兵部尚书，守城要员，他没有参与同杜勋的谈判，可也密切关注杜勋的来去，不仅有上《缒贼上城纪事》疏专述其事，还在《请罪奏疏》中说："京营监视王德化等擅缒投贼内臣杜勋上城持伪檄，引秦、晋二王来讲。臣闻，急劾之。先帝手敕臣曰：闻杜勋上城，遣兵部尚书面看真假。德化等闻之，潜缒下，而人心惶惶，心志不固。"这则奏疏，不曾为人们注意。从所述情况看，杜勋持伪檄上城则是人所共知的。这里所说的手谕"遣兵部尚书面看真假"是崇祯帝针对杜勋上城发出的，他所以要张面看真假，显然是对杜勋此行不放心，因而要张进行当面查验，防止已经降于大顺的杜勋在城上乘机进行其他活动。

对于李自成提出的条件，崇祯帝的内心充满矛盾，权衡得失利弊，为落取"国君死社稷"的美名所支配，最后横下心来，拒绝接受李自成提出的谈判条件，中止了谈判。诸内臣请勋留下。勋说："秦、晋二王在为人质，我若是不返回，则二王的性命就会难保。"于是，城上内臣将勋从城上缒下。临别时，杜勋对守城太监王则亮、褚宪章等说："吾党富贵自在也。"就是告诉他们大顺军攻克京师，他们的富贵地位不会改变。有了这一承诺，太监们自然不会死心塌地去为亡国之崇祯皇帝卖命了。这就是第二天大顺军发起总攻，德胜门被太监开启的原因所在。

这次谈判，是李自成发起的，目的在于以和助战。崇祯帝之所以没有拒绝，固然是出于无奈，也不排除通过讨价还价取得保留更多的权益，或者争取时间，等待勤王部队的到来。因为崇祯年间，满洲几次打到北京附近，明王朝

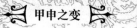

都是依靠勤王部队到达才守住的。但李自成只给了他两天时间。因为一旦崇祯帝接受了逊位的条件，战事就会立即停下来。他们的工作重点，或将从战争转向接受旧政权工作方面来，或按照约定退居在自己所辖区域之内去做应做的事。若为崇祯帝拒绝，那么战争将会继续，而且要以更加猛烈的炮火展开全面军事进攻，与守城官兵进行生死决战。

# 四 三大营不战而溃，大顺军入据北京

十七日，大顺军已经到达北京城下，自西山连营沙河，直到皇城阜成门。竟夜火光烛天。

崇祯帝被围困在城内。他既是一国之君，又是北京城守的总指挥。面对命运决战，他将北京的城防交给了太监王承恩与提督京营李国桢。由李国桢构筑的城外防线几乎没有经过战斗就全部溃散了，大顺军以异乎寻常的速度到达了北京城下。北京的外城、内城、皇城与宫城成了城守的四道防线，成了战火的前沿。城外20万大顺军布阵。城内乱作一团。先前入据京城的大顺军侦察人员以及宣传鼓动人员，配合城外大顺军的进攻，更加活跃起来。

他们乔装打扮，混迹于各个群体中，以至下层民众中，史载"菜佣酒保，皆为贼遣"。有记载说："奸党布都下，更充各衙门掾吏，专刺阴事，纤细必知。"他们将得到的信息，及时传送给李自成等领导人，为其决策与部署提供了可靠的依据。

他们将大顺军发布的檄文张贴于府署，或揭之于街衢，他们向市民，向官军将士，向明朝政府机构的官员们，宣传大顺军顺利进军的形势，宣传大顺军攻城的各项政策，说服人们顺从大顺军，鼓动守城明军将士放下武器，停止抵抗。不久前，有人从武当山运回佛像九座，来京挂号。佛高六七尺，下有车轮，能够推挽前进。在正阳门前布列三座，围观者成千上万，后经锦衣卫明察暗访，才得知原来佛像腹中藏有大炮，是大顺军运进城来准备做内应的。

他们在明兵部派出的侦察人员中展开争取工作，也收到了"骑多降贼，无一还报"的效果，由兵部派出的侦探，在大顺军的说服诱导下向大顺靠拢，被请到大顺军军营中，盛情款待，他们将城内的明军战备与士兵情况一一报告给了大顺军，居然没有一个返回禀报军情的。这样，大顺军的骑兵已经到达平则门，城中守军与将领还不知晓。

大顺军的攻城计划是要在十九日破城的。这是军师宋献策的预测。历史记载说，宋献策说臣观明朝气数之绝，当在本月十八日丙午。是日，当有阴雾迷空，凄风苦雨，这就是应验。十九日辰时，都城必破无疑。若不乘此机会，恐援兵四集，又要迟至五六年之后。李自成将这一信息传达给军中将士，通过扩大宣传，大造北京必被攻克的舆论。当时在城内的聋道人说，城内人们哄传军师宋献策克定十九日破城的消息，市民惊慌不安，到处乱跑躲避。

十六日，由李国桢部署的城外防线已经被击溃，3万京军全部覆没，大顺军不费吹灰之力就到达北京外城。这是明朝守卫京城最为关键的一道防线。守卫在这里的京营是国家的常备军，由李国桢统一指挥调遣。人数原有12万，分别驻扎在北京城内外。北京内外城堞有154000多个。先前，京城遇有紧急情况，城守兵卒，城一堞用卒二人，犒必从厚，百官分门而守，巡城而行，从而形成一种合力。自从李国桢提督京营后，为了节省军费，尽量减少守军数量，"每五堞守兵一人"，再加上，其精锐者，又为新遣内臣选去，分发到昌平、通州、良乡、涿州。不久前，他又从这里调出3万人到新桥防守，因此守城兵力严重不足，且多是老弱。同时，这些军兵军饷没有保证。兵部尚书张缙彦是二月六日到任的。他说到任时，饷绝军饥，京兵已缺至四个月。虽然几天前采取紧急措施补充守城人员，命令城内太监登城守御，人数上虽有所增加，每堞一人，但多不识兵器，不会使用火器，作为临战前的犒赏也少得可怜，一天发给24文钱，不能保证军兵的生活消费。北京戒严后，城内进入紧急战备状态，军兵不分昼夜地在城上守御，但无人送饭，需要自己买食物吃，他们手中没有积存，临时发给的钱根本不够用，军兵饥馁不堪；再加上指挥系统混乱，宦官

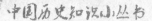

掌管指挥实权，因此军心思乱，军心思变。杭州卫集是兵部提塘官，据万斯同亲听卫某所说，是日，遇到一位熟识的长班急行，扣其故，于袖中出示一张传单，乃是中官与文武大臣公约，明日开门迎降。皆有知字。首名中官是曹化淳，大臣则是张缙彦。可见，是日为崇祯帝所依靠的守城要员，已经密谋串联做好了投降大顺的准备。皆有知字，就是说他们在这份名单上的签字。

　　这天早朝照例进行，崇祯帝召对诸臣，个个一言不发，痛哭流涕。崇祯帝俯首御案写下"文武官个个可杀，百姓不可杀"12个字，密示司礼太监王之心后，迅速毁掉。巳刻，有人叩城说：远远望去尘土飞扬，锐而直，很像是骑兵来到。人们的心情顿时紧张起来。没有多久，宦官报告说是唐通的哨骑，不必在意。人们悬着的心才得以平息。

　　快到午间，事情真相就清清楚楚了。哪里是明军的哨骑，而是大顺军的先头部队。大顺军荷枪负矢，如同天兵降临，东至高碑店，西至西直门外，大呼开门。城内守将临城指挥，守门的内官皆坐城上，卒急发炮，有二十骑被击毙，难民死数十人，于是紧闭城门。须臾，大顺军大队人马赶到，人如潮涌，个个精神振奋，气壮山河。炮轰震天，铳子飞入城中如雨。西直门被大炮轰塌一角。守城太监褚宪章命令守军对城下发炮，不料，铁器大炮出现爆炸，烧死烧伤发放的军兵。刚刚奏报大顺军过了卢沟桥，马上又有哄传攻打平则、彰义等九门的消息。驻守城外的三大营守兵，一见大顺军突然来到自己面前，顿时不知所措，有记载说"营伍悬饷，奸人伏匿，人情忧感，共有离心"。吴麟征说他亲抚士卒，揽泪告誓，闻者感激。内监急命守城兵卒推石布土填塞城门，虽然内臣分班登城督战，驱赶上城，多数城垛无人把守，看到大顺军的到来，谁都不愿出战。就这样，所谓有精锐京营固守城防严密的外城，居然没有经过什么战斗，数万京军就销声匿迹了。守军为了活命，大部举手投降，也有落荒而逃的，火车、巨炮、蒺藜、鹿角等武器装备全都为大顺军缴获。大顺军利用新缴获的火炮向城内开炮，轰声震地。更令人不可思议的是，外城已经落在了大顺军手中，城内守城官兵还不知道。这也是所有记述大顺军攻占北京的著述里，都没有具体陈述外城究竟是如何失守的原因所在。外城西南隅的烟阁是回民的居住地。大顺军在攻打广宁门时，这里的回民出来打开了城门，大顺军一拥而入，外城遂陷。

巡视南城御史裴希度是大顺军潜入城内的内线。这天，他以防止火灾为由，下令让士民门前设瓮注水，士民家家照办。第二天一早，他偷偷地来到安国寺，易服而去，无影无踪。及大顺军入城，饮马于瓮，人们才知道这是裴希度事前准备好的。

担任城防总指挥的襄城伯李国桢看到守城军兵如此情景，匹马驰至阙下，汗流浃背，内侍呵令让他止步，国桢愤恨地说：“此何时也！君臣即求相见，也没有多少时间了。”内侍不敢有过分的行为，只好放他入宫。魏禧在述说北京外城失陷时说：国桢督京营，欲省军费，每五堞守兵一人，而守兵然大半居乡，战兵反居城内。事既急，城门昼闭，战兵不得出，守兵不得人，人心慌乱，李国桢亦无所措手足。

崇祯帝见李国桢前来如此惊惶失措，问：究竟是怎么回事？回答：守军不听指挥，鞭一人起，另一人又躺倒在地上如故。崇祯帝惊恐不已。只是由于谈判的进行，大顺军等待谈判的结果，没有大的军事行动。

十八日，大风骤雨，黄沙蔽天，冰雹雷电交加，至午后方止。攻城的隆隆炮声不绝，越来越近，越来越响。大顺军攻城部队逐渐向城壕靠近，并且跃跃欲试，准备登城。城内大顺军的潜伏人员也配合行动，将上面写有“西城御史熊世懿，受我大顺金牌若干面，约兵到献门”的标语张贴在城内墙上。还有人四处传言，说大顺军关心民间疾苦，入城后每人给五两银子。

守卫平则门的京营副将贺铸部卒以千骑屯城外，奋力阻击，士卒死伤殆尽，铸也战死。将午，大顺军集中火力攻打西直门，炮声震天，铅子飞入城内如下小雨。西直门的一角，已为大顺军的炮火击塌。太常少卿吴麟征急令守兵用土填实了西直门，禁止出入，为太监们拒绝。大顺军向城上守兵喊话：“快开门，不杀一人，迟则尽屠矣。”守军恐惧万分，虽然在上官的监督下不得向城下开炮，但放出的全是空炮，不实铅子，只是以硝烟鸣之。他们还向城下挥手示意，等士兵们退下后，再燃炮发放。大顺军将士们利用这一时机，组织军民背负木石，填平城堑，向城上发起攻势。"万人敌"大炮火力凶猛，杀伤力极大。向城外发射，本来是要阻击攻城的将士，由于大炮火力猛烈，发射时反作用力亦大，发射者因此遭到伤亡的现象出现，也挫伤了官军的士气。就在这时，突然传来城陷了的消息，顿时城上守军惊溃，哄传城陷了，城内士民狂奔号哭，不知所向。情况如此紧急，而无人敢将实情报告给朝廷。吴麟征只身一人，骑马驰入西安门。门监吏部侍郎沈惟炳说："门内宦寺非相识，不得入，奈何？"吴麟征无奈，便直接闯入，太监王德化告诉说："守城人少怎么办？请予增兵。"麟征来到午门，遇见大学士魏藻德，魏劝阻道：兵部已经用尽了全力四面调度兵饷，此时兵饷皆足，你还有什么事如此慌张？上已烦极，请毋妄行奏陈。藻德边走边出内阁。说圣上刚刚休息，你怎么能进去打扰呢？姑且先回去，明日赴司马门再行禀报。说罢得意扬扬，若无其事，扬长而去。麟征只好望阙叩颡，泪滴阶石，号涕而去。

申刻，大顺军在外城猛攻彰义门。御史王章亲自登城射贼，科臣光时亨易服而逃，后降大顺。守卫彰义门监军太监曹化淳是崇祯帝特意请回来负责彰义门守卫的。可他万万没有想到的是，正是在北京城下两军对垒决定命运的关键时刻，被他视为心腹的曹化淳居然背叛了他，在登城巡视时，曹化淳故意对城守将士们说："贼已上城了。"守卒听他这么一说，顿时大乱狂奔，四散逃命，无法遏止。进而乘乱开启了大门，迎接大顺军。至此，外城已落入大顺军手中。守城御史王章中枪落马，被杀。

太监王廉急向皇上报告彰义门已被攻陷。崇祯问：大营安在，李国桢的兵在什么地方？廉对他说：陛下哪里有兵，唯速走。一个叫张殷的太监劝崇祯投降，被崇祯一剑刺死。他急忙召阁臣入宫，问："卿等知外城破乎？"曰："不知。"又问："事亟矣，今出何策？"俱曰："陛下之福，自当亡虑。如其不利，臣等巷战，誓不负国。"听到这番回复，他只好挥手让他们退下。

这时双方谈判仍在继续，但李自成没有给谈判太多时间，能否达成协议，两天内就要出结果。攻城部队在内城城下布阵，是战是停，只待一声令下。这天二更，崇祯帝最终决定拒绝李自成提出的条件，谈判中止。这时，他多么希望吴三桂等各地勤王兵的出现，可是，他失望了。

杜勋下城返回大顺军营地，向李自成述说了谈判中止情况，李自成立刻命令全军对内城展开强大攻势。隆隆炮声震耳欲聋。三更，崇祯帝召见了驸马巩永固和新乐侯刘文炳。问：二卿的家丁能巷战否？文炳以寡不敌众回奏，他大为愕然。永固回奏道："臣等已积薪第中，当阖门焚死，以报皇上。"他也说出了心里话："朕不能守社稷，能死社稷。"说罢，失声痛哭。文炳出宫，来到崇文门，须臾，入城的大顺军已在他的眼前。

崇祯帝急忙命王承恩传令内宫所有人员，准备亲征。他在起草的亲征诏书中说："朕今亲率六军，以征犯顺，国家重务，悉委太子。告尔民臣，有能奋发忠勇，或助粮草、骡马、舟车、器械，俱诣军前听用，以歼丑逆，分茅胙土之赏，决不食言，毋负朕志。"而此时此刻，他手下已无有死心塌地为他效用的将领和军兵，他也没有这个胆识。所有这些也只不过是说说而已。

守卫内城的也是京营的部队。由于三大营的兵力多数部署在外城，内城守军数量相对少些。此时城守大权全都落在宦官手中。辰时，德胜门内侍周礼奏报土城已陷，大顺军进抵城下，架起大炮攻城。九门外大顺军的骑兵众多，往来穿梭，各官登上德胜门察看，崇祯帝命内臣王永祚、高时明同曹化淳固守各门督战。崇祯帝又命张缙彦火速调兵勤王，又急忙召见文武大臣，商定对策，只是相向泣下。有人提出令城民登城助守，百官出资。魏藻德说："兵尚胆怯，何况百姓，一人惊走，摇惑众心，反致误事也。"于是禁止官民登城。这时，兵饷极端困乏，厚载门外小民捐银三百两，又有一老人拿出平生积蓄的四百两银子交给户部，崇祯帝答应给他个锦衣官。

兵部尚书张缙彦奏曰："时势如此危急，臣屡至城闉，欲觇城上守御，辄为监视抑沮。今闻曹化淳、王化成缒贼杜勋上城，未知何意，恐有奸宄不测。"崇祯帝见到此奏，马上作出遣缙彦上城按之的批示。当他来到城上时，内监仍然阻止他上城巡视。张拿出圣上的批示，内臣才允许他上城。张环城察看，只见城上守卒寥寥。兵部右侍郎王家彦痛哭流涕道："贼势如此，监视将营兵调去，李襄城处尚有十之四。在王家彦负责防守的区域内，两堞仅有卒一人。"话语未落，城下砍墙声急速传来，太监王承恩命令守卒开炮轰击，城下数名大顺士兵被击毙。缙彦急驰至内阁，商定一同去见圣上，来到宫门，传令不许入进。

德胜门、阜成门、宣武（顺城）门、正阳门、朝阳门同时遭到大顺军的炮击。大顺军架起云梯率先攻破广宁门（广安门）。《明史》记载说："三大营军城外，守裨益少。诸军既出，见贼辄降。降卒反攻城，城上人皆共侪，益无固志。"有说是夜五鼓，负责守卫东直门的光时亨投降大顺，大顺军涌进内城。光时亨是降贼而开门最先者。如果这一说法属实，这就是大顺军攻克内城最早的时间。

十九日清晨，天下着小雨，继而下雪。军师宋献策高兴地告诉李自成："城必克矣。前攻太原得雨而破，今又雨，复何疑焉。"辰刻，德胜、平则、齐化、顺城（宣武）、正阳等八门同时俱开。西直门由于用土填塞不能通行，后经挖掘才开通。大顺军攻城部队冒着雨雪展开猛烈攻势，在东直门与安定门的大顺军用炮火掩护军民背负木石填平城壕，向城下靠近。英勇的将士们架起五丈高的云梯，并将云梯靠在城墙上。由少年组成的"孩儿军"也杀上阵来，个个英姿焕发，以敏捷的速度登上云梯，登上城墙，同守敌进行肉搏。守敌见孩儿兵像虎入羊群一般登上城墙，顷刻间大乱，或逃，或降，溃不成军。时人编出歌谣说："孩儿军师孩儿兵，孩儿攻战管教赢；只消出个孩儿阵，孩儿夺取北京城。"这是对当年大顺军中英雄少年的歌颂，也是对他们英姿焕发的描绘。也就是在这个时候，紧闭的北京的九门几乎同时被守卫者启开。太监杜勋再次来到德胜门城下劝降，用箭将约降书射入城上后，守门太监王德化启开城门，放大顺军入城。宣武门由守门太监王相尧打开。正阳门由兵部尚书张缙彦打开，随即朱纯臣打开了齐化门，阜成门、宣武门也被启开，城内守军纷纷脱下戎装战靴，争先恐后出门而逃。由东直门入城的大顺军，以内臣为前导，大呼民间速献驴、骡、驼、马。经过象房桥，皇家动物园大象发出了悲哀的鸣叫声，泪下如雨。

协理戎政兵部右侍郎王家彦率京营兵守安定门，当大顺军到来的时候，他命令士卒出击，无有应者。无奈，乃望阙叩头痛哭道：臣不能报效皇上了。遂从城上掷身而下，手足俱折，被家人营救扶入民舍。负责西直门防守的太常寺少卿吴麟征得知九门俱开后，返回住处，闭户自缢。遗书说："祖宗二百七十年宗社，一旦而失，虽上有龙亢之悔，下有鱼烂之殃，而身居谏垣，徘徊不去，无策匡救，法应褫服……四海九州之大，不乏忠义之贤，使天未厌明，则仆犹以一死为赘，是所望于有心君子。"

中午时分，李自成身穿淡青色箭衣，头戴毡笠，骑着一匹乌色夹杂着别种颜色的驳马，在大将刘宗敏、丞相牛金星、军师宋献策、吏部尚书宋企郊、礼部尚书巩焴、兵政尚书张麟然等一百余骑陪同下昂首阔步跨进了京城。太监王德化率宦官三百余人列队在德胜门外迎接。

关于李自成进京的路线和沿路的场面，历史上多有记载。李自成一行，由太监王德化引导，经过德胜门，从大明门进入紫禁城，由太监曹化淳引导进入大内。行至承天门下，见承天之门牌坊，自恃百发百中的李自成面对随行诸将官，仰天大笑，弯弓搭箭，顾盼自得道：我一箭射中天字，就是得了天下，天下太平。不料，一箭射出，射在瓦楞内。宋献策解释道：射在沟中，以淮为界。这是大吉。也有说李自成一箭射出，中在天字下。牛金星慌忙解释说：射在天字下面，意思是中分天下。自成为之欣喜。这些说辞，可能有些添加成分，但不全是虚构，将李自成这位贫民领袖进北京的气魄反映了出来。如果进一步分析，不难看出，从李自成进北京的第一步起，这支来自社会最底层的起义者就让人们思考着：他们能待多久？李自成及其部下也在思考或力求回答，是划淮河为界，还是中分天下，其实都是一个思想。那就是李自成将不是中国唯一的统治者。

襄城伯李国桢，爵居五等，官至九门提督，负责北京内外诸营将吏守卫，被崇祯帝依为长城。大顺军入城后，他想出崇文门逃走，不成，复奔朝阳门，守将孙如龙投降恭迎大顺将领张能于城上，勒令他投降。国桢解甲听命，并且随同归附于大顺的文武百官，向李自成进呈劝进表。

入城后的大顺军传令市民百姓，各自在门前摆设"永昌"香案，书"顺民"二字于门上，闭门不出，以免遭到伤害。城内市民奔走相告，人们用黄纸写上"顺民"二字，贴在帽子上。有的在家门上贴上黄贴，上面写着"顺天王"、"永昌元年"、"新皇帝万万岁"；有的在门口设立香案，大书"大顺永昌皇帝万岁，万万岁"。不到半天的时间，京城的百姓已经从"大明"的子民变成了"大顺"的子民。

北京是明王朝经营230多年的都城。大顺军从包围到克城前后实际上只有两天多时间，虽然也经过一些战斗，但没有大的战斗。李自成军攻城通常采用穴城爆破的战术，在攻打北京的全部过程中，还没有使用这一战法，就拿下了。城内明军也有还击的，但多数是不战而降，作战双方伤亡也有，但都没有大的伤亡。亲身经历了北京事变的钱默，在述说北京守将情况时说："京营兵四十万，部将以千计，临敌力战，死于疆事者二人而已。"这二人，一是将军贺珍，保定人，屯于平则门外，力战而死。一是千总徐文朴，顺天人，屯德胜门外，大顺军至率部卒迎至阜成门，苦斗死。此种情形也足以说明北京城内明朝守将在这次战役中伤亡是不大的。大顺军攻克北京辉煌战绩的获得，在于选择了有利战机，采取战和结合的战略，先扫清外围，个个击破，在明军中广泛开展宣传鼓动的争取工作，促使守军不战而降。

# 五 崇祯帝自缢煤山

　　三月十八日夜，是崇祯帝留在世上最后的一个夜晚。大顺与大明之间的争夺进入到最后时刻。二更，大顺与大明的和谈破裂，表明通过和谈不能化解二者之间的纷争，谁胜谁负还必须通过战争来解决。杜勋下城，向李自成报告崇祯帝拒绝接受谈判条件，大顺军立即发起了全面攻势。

　　大顺军的隆隆炮声，震撼着京城大地。烛天的火光，使得守城明军心惊肉跳。申刻，太监曹化淳启开彰义门，大顺军一拥而入。崇祯帝是通过太监王廉的禀报得知外城失陷的。他怎么也没有想到，灾难来得这样迅速。他召来王承恩，二人话说良久，随即身着大帽衣靴，手持三眼枪，来到前门、崇文门，欲出城，只见城门紧闭，遂向正阳门走去，本想冲出，守军不知道是圣上想要出城，疑为奸细，俱以弓矢下射。王承恩怕出意外，只好复拥圣上返回乾清宫，开始处理后事。他朱书一道上谕送内阁："命成国公朱纯臣提督内外诸军事，夹辅东宫，并放诸狱囚。"让内监送往内阁。还未到内阁，魏德藻等人已经逃走，内监将圣谕放在几上返回，群臣中无有一人知道此事。

　　随即，崇祯帝来到乾宁宫，与中宫告别。周皇后是周奎的女儿，是他做信王时，由皇兄熹宗和皇嫂懿安皇后二人为他选定的，16岁成婚，他即位后立为皇后，同他度过了18个春秋。她处事谨慎，不多言语，时时为崇祯帝着想，母仪后宫。在形势危急之日，她有心劝崇祯帝南迁，不便直说，只是说我在南方有个家，崇祯帝问她是什么意思，她没有回答。此刻，他含着眼泪告诉皇

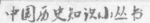

后："大势去矣。"二人泪流满面。宫人见此，个个泣不成声，他向她们挥手，要她们各自为计。皇后顿首曰："妾事陛下十有八年，卒不听一语，至有今日。"说罢，随即悬梁自尽，他连声说死得好，死得好，遂放心地离去。再与袁贵妃告别。二人同饮几杯，他命袁妃自缢，袁妃应命上吊，不料，绳子断了，倒在地上。后，苏醒过来，起身遽走，他拔剑追及，一剑刺在肩上，袁妃倒在血泊中，接着挥剑刺伤妃嫔数人。

太子朱慈烺、定王朱慈炯、永王朱慈昭是他的希望与寄托。周皇后临终前抚摸太子、二王悲痛欲绝。他让人把太子、永王、定王领来，告诉他们："社稷倾覆，使天地祖宗震怒，实尔父之罪也。然朕亦已竭尽心力，其奈文武诸臣，各为私心，不肯后家先国，以致败坏如此尔。今不必问其祸福，只是合理做去。朕无他虑也。"见他们还穿着冠带袍服，便说：都什么时候了，还穿这个？赶快换身旧衣服！他亲自去掉皇子冠带，换上百姓的衣服，给他们系好腰带，凄凉地说："今天你们还是皇帝的儿子，明天可就是老百姓了……在这个乱世里，要隐姓埋名，看见老人就叫老翁，年轻的就叫叔叔伯伯。"嘱咐他们自今而后，不要显露出帝王家的形迹。交代完后，派人将三个皇子送到外戚家里，想让他们设法把孩子藏起来。

接下，他来到寿宁宫，见到16岁的大女儿长平公主。公主拉着他的衣襟痛哭。他说："孩子，你怎么偏偏生在我家呢！"他用左袖掩面，右手挥刃想杀死公主，但砍偏了，只劈下公主的左臂，看着倒在血泊中的女儿，他手颤抖得厉害，再也下不了手了。接下来，他将昭仁公主杀死在昭仁殿。5天后，长平公主苏醒过来时，北京已在李自成大顺军的控制之下。

崇祯帝制造的宫中惨案，是前所未闻的，毫无疑问，这是极其残忍的。他之所以这样做，并非失去理智，而是不想让自己的亲人死于农民军的刀锋。此刻，他没有放弃求生的念头，也没有忘记替儿女们着想。他呼叫王承恩来到跟前，命斟酒对饮，已是深夜三更，再次换上便服，带着数十个宦官出东华门，至朝阳门，假称是王太监奉命出城，守城者要求天明再验证放行。扈从的宦官群起夺门，守门部队以为发生了内乱，开炮还击，崇祯身边人少，未能冲出。他与王承恩来到前门，只见城楼上挂起三个白灯笼。这是事先约定的信号。白灯一至三个，用来表示情况的不同程度。一个表示有寇攻城，两个表示攻城情况紧急，三个表示城将被攻破。一眼望见的这三个白灯笼，他们心中都十分清楚，城守已经无望。他怀着沉痛的心情返回，这时猛然想起朝阳门是成国公朱纯臣的防区，便绕到朱家，想请朱纯臣开门放行，朱家看门的却说成国公赴宴去了。崇祯叹着气又跑到安定门，但门闸坚不可举，而此时，天已快亮了。崇祯帝失望地回到宫中，在前殿鸣钟召集百官，却没有一个人来。

长平公主晕倒在地，尚衣太监何亲听说大顺军已进城，怕公主受辱，把她背出宫去。太子逃到外公周奎家，敲门却没人理睬，看门的也不放他进去，只好逃到别人家里躲起来。宫女魏氏等担心受辱，跳入御河自尽，从者二百余人。一些大臣也随之自杀身亡。

十九日拂晓，大顺军大队人马像潮水般涌进城内，崇祯帝别无选择的余地，于是与宦官王承恩急速来到煤山寿皇亭。这时，他身着白袷蓝袍，白绸裤，右脚上穿着绫袜，红方鞋，左脚光着脚，显然是因情况紧急，在出走中跑掉的。寿皇亭曾是他操练大内士兵的地方，而今如此狼狈地来到这里，不是要登临眺望，更不是要检阅部队，而是要同世人诀别，去见列祖列宗。遂在煤山一棵树下止步，上吊自缢。看样子，是王承恩先服侍崇祯帝自尽，然后自己也在他的对面自缢殉主。时在三月十九日子时。这位至英明主落得个如此下场，似乎并不像他想象的那样伟大，《爝火录》的作者李天根说："先帝至英明主也，而仍与一貂竖同尽，谓之何也？"

崇祯帝自缢前，留下一份遗诏。遗诏的内容说法不尽相同，有说是"因失江山，无面目见祖宗，不最终于正寝"。又一行云："百官俱赴行在。"也有说遗诏内容是："朕凉德藐躬，上干天咎，致逆贼直逼京师，皆诸臣误朕。朕死，无面目见祖宗，自去冠冕，以发覆面。任贼分裂，无伤百姓一人。"遗诏的形式，也说法不一。有说崇祯帝遗书是在衣袖上墨书，也有说是自缢前在

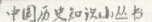

乾清宫写下的，非书衣前。至于何说为是，当时人虽然注意了，似乎没有太多的留心。这些虽都是较早的记述，但材料来源均出自传闻，没有一则是来自目击者的述说。

进入北京的李自成及其领导集团十分注意崇祯帝的确切下落，这是军中上下最为关注的问题。曾在宫中四处搜索，不见踪影。向内宫与宫女们询问，也不知去向。有个叫黎志升的说："重围百里，殆无飞越。民间藏匿，非重赏严诛必不可得。此大事，不可忽也。"于是，刘宗敏出牌大书："主上救民水火，克破京城，其崇祯帝逃出紫金城外，有能出首者，赏黄金一千两，隐匿者，诛其全家。"有说以紫禁为紫金，乃贼书如此，这是个别字。如果所述无误，则可以看出大顺军以刘宗敏名义发布的文告书写者，至少是这一文告书写者的文化水平不高。两天后，二十一日，李自成得到准信，崇祯帝已吊死于万岁山寿皇亭。万岁山位于紫禁城正北方。元代此地曾是专供帝后游乐的后苑，曾在此修建延春阁等建筑。明代将元代的大内宫殿全部拆除，并将开挖护城河和南海的渣土堆于元代延春阁的旧址之上，以压前朝的风水，将形成的五座高高山峰取名万岁山，又叫镇山，语意为镇北方敌人。因曾在这里堆煤，故又称为"煤山"。此山不是自然形成的，而是长年积土形成的。据有人实测，自山顶至山根斜量二十一丈，折高十四丈七尺，是北京城内的最高点。清顺治十二年（1655年）更名景山，景字本可作日光和大的解释，景山即大山、光明之山。山上林木葱郁，岁久成林，山作青色，与西山爽气无异。登山四望，六宫中午门以及千家万户，都看得清清楚楚。这里曾是崇祯帝经常登临凭眺的地方，而今却成了他的丧生之地。

次日，大顺军将崇祯帝与周皇后的尸体移出禁宫，停放在东华门旁侧门的两具柳木棺材中。昔日为他擢用的那些大臣们，没有一人前往吊唁，反而是一些素不相识的过往行人觉得他有些可怜。后，大顺军将这两具棺木移入施茶庵，交太监看守，李自成接受了明朝百官的请求，答应为崇祯帝举行葬礼。他将此事交大顺昌平州具体办理。昌平州拟定一份文件，下达给宛平县，宛平知县遂派一辆牛车将崇祯帝和周皇后的棺木，送到昌平。署昌平州吏目赵一桂在《状中州》里述说其事：职于三月二十五日。奉顺天府伪官李檄昌平州官吏：即动帑银雇夫，穿田妃圹，葬崇祯帝后梓宫。初四日下穴。时会州库如洗，又葬日促。监葬官礼部主事许作梅束手无策。职与好义士孙繁祉、刘汝朴等十八人，敛钱三百四十千，傭夫穿妃圹，方中羡道长十三丈五尺，广一丈，深三丈五尺，督工四昼夜，至初四日寅时，羡道开通。始见圹宫石门，工匠以拐子锁匙启门入。许作梅此时为大顺礼政府从事，赵不知其官称，故仍称礼部主事。这次安葬用费都是官吏、乡保让士民临时凑集来的。这一结局，恐怕也是他想象不到的。

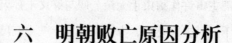

## 六　明朝败亡原因分析

大顺与大明的决战以崇祯帝的自缢与明王朝的败亡而告终结。一个偌大的王朝，居然被一位贫民领袖领导的起义农民所推翻，这是继元末朱元璋之后的又一奇闻。这可真是有史以来闻所未闻的事。对此，人们有许多记载和评论，用崇祯帝朱由检自己的话来说："君非亡国之君，臣皆亡国之臣。"就是说他不是亡国之君，明之亡，与他无关，责任全在于大臣。总结历史经验教训，不必追究个人责任，可也应依据事实给予历史的说明。君臣同处于一个社会之中，在君臣关系中，君是主导的，臣是被支配的。有什么样的君，就会有什么样的臣。国家兴亡，匹夫有责，臣也有责，但决策的也就是说起主导作用的是君而不是臣，更不是匹夫。真实的历史告诉人们，明朝的败亡是在崇祯帝的手里。崇祯帝的最终结局告诉人们他是一个亡国之君。无论原因多么复杂，都不是他的偶然一时疏忽，而是在于他本人的素质与其个性，其内在因素便是他志大才疏，是他领错了路才导致明王朝败亡的。反之，如果说他路领对了，那么明王朝就不一定败亡在他的手里，他也就不会成为亡国之君了。

崇祯帝的悲剧，明朝败亡的原因究竟何在呢？《明史》纂修者的分析论断是有代表性的，也一向为人们所关注。这里说："庄烈之继统也，臣僚之党局已成，草野之物力已耗，国家之法令已坏，边疆之抢攘已甚。庄烈虽锐意更始，治核名实，而人才之贤否，议论之是非，政事之得失，军机之成败，未能灼见于中，不摇于外也。且性多疑而任察，好刚而尚气。任察则苛刻寡恩，尚气则急遽失措。当夫群盗满山，四方鼎沸，而委政柄者非庸即佞，剿抚两端，茫无成算。内外大臣救过不给，人怀规利自全之心。言语戆直，切中事弊者，率皆摧折以去……是故明之亡，亡于流贼，而其致亡之本，不在于流贼也。呜呼！庄烈非亡国之君，而当亡国之运，又乏救亡之术，徒见其焦劳瞀乱，孑立于上十有七年。而帷幄不闻良、平之谋，行间未睹李、郭之将，卒致宗社颠覆，徒以身殉，悲夫！"

这里所说明朝的灭亡原因，有客观上的原因，也有自身的内在原因。所谓当亡国之运，就是明王朝的败亡是积重难返，大势所趋，说的是客观原因；而乏救亡之术，则是主观上的原因。这是很有见地的。救亡之术就是政策和策略，是决定一切的。乏救亡之术就是说他没有驾驭全局的能力，没有能够作出正确的应对谋划，也就是说在关键时候作出的决策是失误的。成功与失败不是人的才能的唯一标志。清初一个叫吴殳的人写有一篇《流贼亡明节目》一文，这里列出明朝方面有"四十三失"，基本上是指诸臣之失，而另外有"四失"则是说崇祯帝之失，即好从也，恶出也，自圣也，欲速也。这四失，也说的是主观上的原因。

长期以来，人们习惯上以成败来论定是是非非是不科学的。崇祯帝在事业上的失败及其人生悲剧，不能说明他没有才能与素质低下，可也足以表明他志大才疏，虽有振兴明王朝之大志而没有扭转乾坤的能力。也就是说，他的天分与才能是一般的，他集刚愎自用与懦弱虚荣、喜怒无常与多疑多忌于一身，使他很难真正有所作为。

古往今来，作为执政者，不能总是在顺利条件下生存发展，逆境与不测之祸是随时可以出现的。而一个好的、英明的执政者，应是善于应对，善于决策，特别是在关键时刻作出正确的决策，只有这样，才能带领民众转危为安，转败为胜，逢凶化吉，达到长治久安的目的。

崇祯帝处在危机的火山口上，形势极为严峻。他的压力是很大的。他的言行告诉人们，他在化压力为动力，勤于政事，表现了少有的热情。他很努力，很辛苦，很劳累，看到了问题的症结，竭力于谋求御敌之策。诸如兵至之处，作何转输？灾荒之民，作何生聚？足食足兵，何以使民生不困？议征议缓，何以使国用仍充？这不能不说是症结之所在，也是显示其决策者领导艺术和水平高低的试金石。他不仅自己在认真思考，而且不断地召群臣展开讨论，还号召官民围绕这些问题献计献策。终因他志大才疏，没有驾驭全局的能力，决策失当，举措失宜，走上了不归之路，并使明王朝在他的手中丧失。他在决策上的失误，集中表现在不能以民为本，善待百姓。面对大灾大荒之年，饥民四出求食与揭竿而起，他所作出的决策，不是大力动员全社会力量救民于水深火热之中，而是增兵增饷，用暴力手段，加大赋税的征收，于正税之外，实行加征。名目繁多的加派大大超过了民众的承受能力，使广大民众无法继续生活下去而不得不走上与政府对抗的道路。当年进士程源曾提出要收人心，必须拿出诚心，要有实政使民众真正感受到政府是在关心他们，保护他们。他说：小民受国家三百年培养未尝一日不忘本朝也。"迫于死而动于利耳。我诚欲收人心，岂在乎虚文哉？必有实政以感之。陛下诚能以一罪己之诏，且分东南境土，凡被寇之地暂免正供；现在之地，量免加派，则小民且曰国家多事如此，而犹我民之依依也，必感奋死守矣。"清初史学家万斯同曾赋诗述说："闯王来，城门开。闯王不来，谁将衣食与吾侪？寒不衣兮饥不食，还钱粮日夜摧。更有贪臣来剜肉，生填沟壑诚可哀。闯王来兮我心悦，闯王不来我心悲！"这位作者还语重心长地说："寄语有司各守职，慎勿迫民使为贼。"可惜，崇祯朝君臣们没有这种诚心，所作的种种决策，始终不以实政惠民，非但人心瓦解，而且"迫民使为贼"，因而也必然将自己置于民众的对立面。

优柔寡断，贻误时机，是他失去了自救的时机。三大政权角逐，是挑战，也是机遇。英明的君主善于抓住机遇，果断决策去赢得胜利。崇祯帝在挑战与机遇面前，该断不断，一误再误，丧失了自救的良机。面对大顺军举兵东进，他天天召见群臣，商定对策，但始终没有组织有效的阻击，致使大顺军所向披靡，越发不可收拾。有分析家说："三晋尚强，诸边犹足守也。帝诚亲总六师，西临太原以至平阳，王屋渡河，士气自倍。以大同、宁武之甲为之前驱，屯信臣精卒于河北，号召中原，济河而西，三晋皆我臣妾，宁忍一矢相加乎？逡巡数月，推毂庸相，师不逾真、保，而三晋沦丧矣。"又如南迁之议，这在当时情况下，何尝不是一个有益的选择。他从正月开始就认为这是一个可行的办法。但左顾右盼，迟迟不决，让大臣反复讨论，他忽而表示赞同，忽而表示坚决反对，会上公开说不行，会后又给人私下做工作让人表态赞同。直到三月十七日，大顺军包围了北京，他急忙让人护送太子南行，若是在正月初，就决策南迁，即使大顺军攻克北京，他也未必落个自缢的下场，明王朝也不一定在三月十九日宣告灭亡了。再如，调吴三桂入京增援，这本是他同意的，也是他的意思，同样是让大臣们反复议定，议而不决，争论了两个多月，直到三月六日他才果断作出决策，调吴三桂回京勤王，吴三桂刚到丰润，北京就已落入大顺军手中。这种贻误时机的决策使他在不归路上越走越远。

崇祯帝生于乱世，身居一国之君之高位，但才能平庸，没有驾驭全局的能力，驭官治军宽严无度，再加上生性猜疑，苛刻寡恩使他最终成为孤家寡人。国家职能是通过系统的权力机构实现的，也就是说是通过各级政府中的官吏实现的。驾驭百官就是将他们团结在自己的周围，调动他们的积极性，发挥他们在治国理民中的作用，形成合力，从而排除万难，逢凶化吉，达到长治久安的目的。崇祯帝在位十七年间，天天在选拔人才，也录用了不少人才，但他无知人之明，始终未能组成以自己为核心的领导集团，未能将这些官吏团结在自己周围，这与他唯我独尊，喜怒无常，心胸狭窄，文过饰非的秉性有很大关系，这种秉性使他草菅官吏，滥用刑杀。在他看来，他是英明的，文武百官都是无能之辈，他不信任百官，更不关心爱护官吏，甚至得出文官个个可杀的结论。这样怎么能让百官来为朝廷效命呢？军队是国家政权的柱石。他手下有上百万军队，又有近亿的人口，他倾尽全力筹兵措饷，军费大大增加了，军队的数量却没有相应的增加，反而在减少；用于支付给军兵的军饷数量大大增加

了，但军兵无衣无食，无法生活下去。决定明王朝命运的北京战役，前后只有两天多一点的时间，而且没有经过大的战斗，大顺军就夺取了北京，仔细观察其中的缘由，乃在于明朝守军不战而逃，不战而降。所谓"京师兵饷匮极，士气沮丧"，是很能说明问题的。有说崇祯帝的悲剧在于他没有遇到张良、陈平和李靖、郭子仪那样的优秀人才，也不尽然。有明一代，人才不乏其人。是他没有为明代人才作用的发挥提供平台，是他不具慧眼不能发现张良、陈平和李靖、郭子仪那样的优秀人才。无须更多举证，只要看一下范文程、洪承畴、吴三桂的行径就可一目了然。这三人都是明王朝培养造就出来的人才，但在崇祯手下他们的才能与作用并没有得以充分的施展，可是降清后，在皇太极与多尔衮的眼里，他们成为不可多得的人才，成为运筹帷幄的重要谋士。

总之，崇祯帝执政十七年，他的全部努力所取得的结果是民心思变，军心思变，官心思变，他不是一位碌碌无为的庸君，可也绝不是什么英明之主。他的悲剧可以说是咎由自取，而大明王朝在他手中败亡，则是势之必然。

# 第五章

# 吴三桂降清与大顺军战败山海关

三月十九日，大顺军攻克北京，推翻朱明王朝的统治。这的确是一个惊天动地的社会巨变。这一巨变，使全国政治形势发生了新的巨大变化。大顺取代了大明。统治中国276年之久的朱明王朝就此退出了历史舞台。由于大清的崛起，加紧谋求入关策略，一场新的恶战正在逼来。大顺军面临的形势不仅要扫清明朝残余势力，更重要的是要与据有东北的清朝争夺天下。矛盾错综复杂，任务异常艰巨。

此时李自成与他的战友们兴高采烈，在北京百姓一片赞颂声中入据北京。忙于号令天下，建立合乎他们理想的社会秩序。大顺军入京后，发布安民告示，号召百姓各安生理，商家照常营业，罢市者斩。此时李自成重申军纪："敢有伤人及掠人财物妇女者杀无赦。"他在入城时，特意拔箭去镞，连发三箭，郑重宣告："军人入城，有敢伤一人者，斩！以为令。"当天，兵政府在城内遍贴安民告示，宣布："大帅临城，秋毫无犯，敢有掳掠民财者，凌迟处死。"还说："如我兵到，俱公平交易。"入京的大顺士兵，驻在城外与城上，不许擅自下城，入居民房。百姓遵照大顺的命令，第二天照常营业，社会秩序迅速安定了下来。当时在前门商铺出现有两位士兵抢掠绸缎事件，一经发现，即刻作了处理，处死了这两个士兵，并将他们的手足钉在前门的左栅栏上，以昭示世人，严肃军纪。在京的陈济生据其所见所闻说大顺军进城后，"商民仍旧张肆，兵淫掠者有禁，民抢攘者有禁，城军下城者有禁；犯者立死，断头截体，纵横衢道，虽触目悚恻，而人情稍帖。"

甄别录用在京明朝官员。北京是明朝的都城，是中央政府所在地，也是明朝官员最为集中的地方。在京的官员不下3000人。大顺军入京后，已有千人身亡。但还有2000人在。如何处理这些官员，大顺政府采取停职审查录用的办法，吏政府发出通告："为奉旨选授官职事。照得大顺鼎新，恭承天眷，凡属臣庶，应各倾心。尔前朝在京文武官员，限次早一概报名汇察。不愿仕者听其自便。愿仕者照前擢用。如违抗不出者，大辟处置；藏匿之家，一并连坐。"随即差人到五府六部并各衙门，责令各长班俱将本官姓名开报。如有藏匿，歇家邻右，一并正法。甄别录用工作由武官之首的刘宗敏和文官之首的牛金星共同负责。其甄别录用的原则，三品以上的官员一般不予录用，录用的重点是四品以下的官员。

遵照大顺政权的命令，在京的明朝官员，争先恐后地前来登记，并递交个人履历。从二十三日开始，到二十六日，先后有200人被录用。其中三品以上官只有原兵部尚书侯恂用为兵政府尚书；三品官只有原太仆寺卿叶初春用为工政府侍郎。四品以下官少数以原官原职留用，多数都是重新任命的，如原陕西巡按御史傅景星为兵政府侍郎，原谕德杨士聪为户政府右侍郎，原翰林院检讨梁兆阳为礼政府侍郎，原詹事府少詹杨观光为礼政府侍郎后改为礼政府尚书，原国子监司业薛所蕴为国子监祭酒，原大理寺丞钱位坤为国子监司业，原詹事府少詹何瑞征为宏文院学士，原兵部行人李丕著为永平节度使。此外，还从明之进士、举人、生员中录用官员。如进士：胡显授县令，贺王盛授太仆寺丞，吴刚思授兵政府从事，武憕授徐州准防御使，王道成授贵州防御使，徐家麟授山东防御使，杨儆授扬州府尹，锁责缙授淮安知府；举人：安兴民任刑政府尚书，王学先授知政使，王皇极授防御使，高丹桂授济南府尹，武大正授县令；生员：王明授县令。通过这次甄别，确定明朝大学士陈演、定国公徐允祯、博平侯郭朋振、新建伯王光通、平江伯陈治、清平伯吴遵同、永宁伯张锡奎等六十余人罪恶滔天，四月十三日夜，在西华门外将他们全部处死。

那些明朝降官们为了能在大顺新朝中谋个官职，费尽了心机。甚至继续采用行贿和请托的伎俩来打通关节。中允梁兆阳通过贿赂大顺吏政府尚书宋企郊得到李自成的召见。他在文华殿见到李自成，匍匐在地，痛斥崇祯帝刚愎自用，君臣血脉不通，以致万民涂炭，灾害并至，继之起劲颂扬李自成救民水火，自秦、晋抵燕，兵不血刃，百姓箪食壶浆，以迎王师，神武不杀，比隆尧、舜，商汤、周武王不足道也。又说他自己遇到圣主，敢不精白一心，以答殊恩，急于得官的心情溢于言表。大理寺官钱位坤暗中打通宋企郊的门路，并为自己将得到重用而沾沾自喜，逢人便说：明日此时我便不是凡人了，以致后来有人写了一篇《不凡人传》来讽刺他。这就表明即使在李自成打击贪污最为严厉的时刻，大顺政府中一些人也不能杜绝贿赂与说情的诱惑。

筹备登极大典。崇祯十七年正月一日，李自成在西安宣布建国大顺，并且举行即位大典，称大顺王。在李自成看来，帝比王要高一个等级。入京后，立即筹备举行登极称帝大典。这项式作由礼政府负责组织实施。由于大顺官员们对登极礼仪不熟悉，礼政府不仅要编制这种礼仪制度，还要组织百官进行演习。即位日期选定在良辰吉日，原定三月二十九日，后因关东问题的出现，屡次变更，改作四月六日、八日、十二日、十五日、十七日，最后确定为二十九日。新皇冠制成后，请他试戴，不是太大，就是太小，连续铸了三次，才定了下来。

赶制皇冠、龙袍与大顺国玺，印文是继天立极，天字上一层居中，下面并列继立极三字。颁布《永昌仪注》，规定各项礼仪，新朝文武百官服用蓝色，大顺官制仍分九品，领、帽以云文多寡区分等级，一品一云，二品二云，至九品九云。大顺政府官印符、券、契、章、记、印六种，有正方形，也有长方形。

妥善安置明太子与皇子。崇祯帝有三个儿子，即太子、永王和定王。大顺军入城时，他们都在城内，被宦官们献出。李自成见到太子朱慈烺，问：汝家何以失天下？若父何以至此？太子曰：只问百姓即可知道。又曰：汝父在，我必尊养之。太子问：为何不杀我？李自成说：你本无罪，我为什么要杀你呢？太子当即向他提出三条建议：一是不可惊扰我祖宗陵墓，二是以礼葬我父母，三是不可杀我百姓。李自成也一一应允。接着，永王、定王也被搜获送到。永王年13岁，定王只有9岁。李自成让人给他们换上百姓衣服，告诉他们不要害怕，并在他们的帽子上也贴上顺民二字，遂即将他们三人交刘宗敏看管。不久，宣布封太子为宋王，定王为安定公，永王也改为公。

继续扩大占领区域。李自成入京后十分关心保定战局。他听说保定的明朝官绅仍在顽抗，唯恐激起将士的义愤，破城后杀人过多，特地发布诏书赦免当地军民。在保定的大顺军，利用攻克北京的大好形势，向城上高声喊话，告以京师于三月十九日攻克，奉劝他们不要执迷不悟，自寻绝路。张罗俊、邵宗玄等人冥顽不化，置若罔闻。刘芳亮见劝降无效，下令全力攻城。大顺军架起铳炮，轰击雉堞，铅丸铁子，喷天抉地，屋瓦飘纷。大顺士兵头顶木板循墙靠近城下。未几，西北城楼起火，接着南郭门又起火。攻城的勇士们，奋不顾身的冲击，守者不寒而栗。三月二十四日夜半，南城守弁王登洲等人缒城投降，大顺军一拥而上。李建泰所带的几百名军士也起而为内应，领着保定府推官许日可、清苑知县朱永康向大顺军投诚。方正化、邵宗玄、何复、张罗俊等都被处死。刘芳亮于克城前一个时辰接到李自成送来的诏书，在西门召集士民宣读告谕，下令严禁乱杀，并任命文华国为保定府尹，同时委任推官和县令，责成他们办理粮草。第二天，下令遍拿乡绅进行追赃助饷，并把驱使军民抗拒的劣绅、明工科给事中尹洗等处斩，揭其首于竿，榜上大书"据城抗师，恶宦逆子"八个大字，以示警戒。二十六日，刘芳亮留部将张洪守保定，自己带领军队前往京师。同一天，大顺军哨兵五六骑至通州，大呼京师已破，明督饷户部侍郎党崇雅率城中将吏投降。明密云巡抚王则尧闻知后也投降了大顺。天津兵备副使原毓宗向城内民众发出倡议，竖立黄旗于城上，大书天佑顺民，以示归顺，随即奉表赴京请降。

大顺军军饷从何而来？这是大顺领导人极为重视而一直未能得到妥善解

决的问题。进入北京后，大顺政府基于"卿相所有，非盗上则剥下，皆赃也"的认识，将助饷与追赃结合在一起，从三月二十七日起，全面推行这一政策。这项工作由刘宗敏与李过主持，设立比饷镇抚司专门负责实施。李自成提出的政策是：各官罪甚者杀之，贪者刑之。据与大顺军接触的杨士聪在《甲申核真略》中记述：派饷于在京各官，不论用与不用。用者派少，令其自完；不用者派多，一言不办即夹。其输饷之标准：内阁10万，部皖、京堂、锦衣7万，或5万、3万，科道、吏部5万、3万，翰林3万、2万、1万，部属以下各以千计。勋戚之家没有固定数目，人财两尽而后已。追赃工作由李过与刘宗敏主持，具体执行追比的是各营中的佐官、军士。从三月二十六日开始至四月七日基本停止，前后10天时间，受刑的先后有800余人，约占在京官员的十分之三，共计得银7000万两。

上述政策的实施，表明李自成等大顺领导人对于建国创业，治国安邦，还缺乏经验，还没有从流寇主义的习气中摆脱出来。一入城，就宣布旧有官员一律停职，要他们到新政府进行登记，等待甄别录用，并且要在几天内就要作出结论；同时实行追赃助饷，按官职大小确定数额，以及按衣貌确定对象，都是不利于新政权的巩固与社会秩序的稳定的。四月七日，李自成来到刘宗敏寓所，了解情况，最后作出指示："天象示警，宋军师云当省刑清狱。此辈宜斟酌放之。"尽管李过等人当时还不大高兴，最后还是接受了李自成的意见。十二日，停止追赃，关押在各营的官绅陆续放回。但在大顺辖区北京以外的地区，仍然在继续。

与此同时，大顺军的主要领导人开始住进官绅豪华宅第，过上了享乐生活。李过据都督袁佑宅，谷大用据万驸马宅，田见秀据曹都尉宅，李岩据周奎宅。其他如李牟、白丰、郭之纬、贺有威、董学礼、白广恩、白邦政、黑云龙、官抚民、左光先、梁甫、祖泽溥、王琦、熊天成等将领，也都分别占据贵族官绅的宅第。他们纵情欢乐，刘宗敏、李过、田见秀等，呼莲子胡同优伶姿童，各数十佐酒，高踞几上，环而歌舞，喜则赏以大钱，怒则杀之。文官之首牛金星，以太平宰相自居，使用内阁仪仗，往来拜谒，夸其乡人。谋士顾君恩坐在吏部大堂，举足置案上，乘醉携妾童高唱边关调为乐。吏政府尚书宋企郊劝止他说：衙门自有体，不比营中，可以自由放纵。顾君恩反唇相讥道："老宋犹作旧时气象耶？"

大顺领导人及其将领们还以胜利者自居，将崇祯帝的宫女作为战利品进行瓜分。李自成、刘宗敏和李过以及牛金星、宋企郊等各得数十人。为李自成收取的宫女，有据可查的有杜氏、陈氏、窦氏、张氏、冬氏。窦氏即窦妃。这种瓜分，由娼妓、宫女渐及于良家女子。所以，有记载说："自成向远酒色，至都改操。"这不能简单地视为别有用心的攻击。此时此刻李自成尚未登基，可已入居大内，安居皇宫，享受皇帝的生活来，唤娼妇小唱梨园数十人入宫陪伴。二十一日，明朝文武百官按照大顺的要求，一大早就来到指定地点，等候李自成的接见，直至黄昏，不见其踪影。实际上，这天李自成并不真的是因忙于国事而脱不开身，而是在宫中开怀痛饮。有记载说：入京后的李自成，每天在宫中设置酒宴，召牛金星、宋献策、宋企郊、刘宗敏、李过等欢饮。牛、宋以礼相待，十分恭敬，听到呼唤，则避席而答。其他各位领导人不论顺次就座，觥倾酒，用手攫取食物。宗敏时呼李自成为大哥，李自成也无可奈何。刘宗敏为武官之首，入城后，住进都督田弘遇宅，将精力用在追赃和劫夺女子上。当他得知陈圆圆的艳名，便多方搜求。获悉陈躲藏在吴三桂父吴襄家里，即刻下令逮捕吴襄，严刑拷打。

大顺军历来是严禁将士个人私藏金银的。入京之初，申明军纪，将抢掠前门店铺绸缎的士兵处斩，并将其手足钉在前门左栅栏上的情形，不能说没有震慑力。但是，为时不久，情况就发生了变化，军中想方设法捞上一把的，并不是个别人的现象，有的手中积银多达五六百两，少者亦有两三百两。作为武官之首的刘宗敏，不仅不认为这是违犯军纪，败坏军纪，还认为这事理所当然。既然如此，人存富足还乡之心，谁还肯去勇往直前，搏击疆场，建功立业！

时间只有一个月。而这一个月，大顺军在赞扬欢呼声浪中度过。他们从上到下满足于已经取得的胜利，而没有看到胜利后的斗争；完全忽视了正在崛起并且拥有实力的清朝动向，低估了明朝残余势力的能动性。而就是在此期间，国内时局出现了新的巨变，灭顶之灾悄然降临在处于鼎盛时期的大顺面前。巨变是四月二十二日，大顺军兵败山海关开始的。而大顺军山海关之败的由来，则是源于吴三桂的叛变降清。

明清之际的政治舞台将吴三桂推到了政坛的前沿，使他成为大清与大明极为关注的人物。对于吴三桂，李自成在入京之前，没有与他直接交手过，但入京后对其人的地位与作用逐渐有了一些认识，他择日登极是列入议事日程上的。他之所以一再推迟登极日期，就是由于忧虑关东问题没有得到真正解决。遗憾的是，李自成未能预料即将出现在吴三桂身上的变化。

山海关是清与明长期争夺的焦点，也是吴三桂活动的基地。进入北京后的李自成十分注意对山海关的经营。遣兵政府侍郎左懋泰偕唐通前去接管，并且任命张若麒为山海关防御使。

制将军李岩从关心爱护大顺政府命运与前途出发，在给李自成上疏提出四项建议中，第四条就是如何对待吴三桂。他说："吴镇兴兵复仇，边报甚急。国不可一日无君，今择吉已定，官民仰望登极，若大旱之望云霓。主上不必兴师，但遣官招抚吴镇，许以侯封吴镇父子，仍以大国封明太子，令其奉祀宗庙，俾世世朝贡与国同休，则一统之基可成，而干戈之乱可息矣。"这里提出用政略解决吴三桂问题，李自成见此奏疏顺手批复"知道了"三字，但他很快就知道事情远不像他想象的那样简单，并且决定要在争取吴三桂上下功夫。以父子封侯为条件，巡抚李甲、兵备道陈乙前往招降，并令唐通等诸将写信给吴三桂劝其归附。

三月二十日，吴三桂抵达永平。当他得知李自成攻占北京进京和崇祯皇帝自缢的消息，他顿感茫然，进退失据，五万军队供给与生活维持原本是靠明王朝的供给，宁远迁来的数十万民众等待安置，他不可能再从明王朝那里得到任何资助，可是5万军兵每天都要有足够的粮饷才能维持。前面是大顺军，后面是清军，二者都是他的死敌。他清楚地意识到在这种局面下，单凭自己的力量是不能独立存在的，也支撑不了几天。

大约就是这个时候，李自成派出的使臣巡抚李甲、兵备道陈乙来到吴三桂军中，转述了李自成招抚的条件，即"尔来不失封侯之位"。接管山海关的唐通写信给吴三桂，盛夸李自成礼贤，啖以吴三桂父子封侯，原明密云巡抚王则尧、原辽东监军张若麒以及左懋泰等均写信给吴三桂劝其投降。所以，吴三桂与山海关总兵高第接受了大顺的条件，将山海关的防务交给了唐通等大顺官员。单就大顺的这些做法来看，并没有什么不妥之处。唐通是明降将，曾与吴三桂有过共事的旧交，其他大顺朝中的王则尧、张若麒等人，也都是明朝官员归附过来的。让这些人同时劝吴三桂投降，应当说还是很注意策略的。吴三桂在完成交接工作之后，按照双方约定，自己率部前往北京去见李自成，接受新的任命。

《吴三桂纪略》中说："李自成说山陕河南荆襄已在掌中，大江以南传檄可定，惟山海关吴三桂是一骁将，当致之麾下，而辽东劲敌，又使我衽席不安。乃派伪巡抚李甲、伪兵备道陈乙持檄招桂曰：尔来不失封侯之位。桂额之。率众十余万，由永平取路到京，名为勤王，实欲归李。"

《清史列传》说："李自成遣伪兵政府侍郎左懋泰偕通守山海关。通遗三桂书，盛夸自成礼贤，啖以父子封侯。三桂甫领兵入卫。"

《流寇志》的作者彭孙贻在述记这一过程时，说一个叫马大令的德安人，亲口告诉他下面这段史实：有客平西（吴三桂）幕者云，世传吴襄作书招平西，平西告绝于父，起兵勤王，非也。都城既陷，三桂屯山海，自成遣使招三桂。三桂秘之，大集将士告之曰："都城失守，先帝宾天，三桂受国厚思，宜以死报国，然非借将士力，不能以破敌，今将若之何？"将士皆默然。三问不敢应。三桂曰："闯王势大，唐通、姜壤皆降，我孤军不能自立。今闯王使至，其斩之乎，抑迎之乎？"诸将同声应曰："今日死生惟将军命。"三桂乃报使于自成，卷甲入朝。这则记述，不仅说明吴三桂投降了，而且看出其原因如下：吴三佳想以死报效明朝，所辖将士已不为所用。投降李自成是大势所趋，人心所向，军心所向，吴三桂从部下将士"皆默然"到"嗣声应"的情绪变化中下了投降的决心，并立刻付诸行动。这一说法的可信性，还可以从当时清方获得的信息中得到证实。《吴三桂纪略》中说："未几，关上探知京城已破，驾崩于煤山，李贼僭位，王进退无措。以清兵仇杀多次，不欲返颜，乃修表谋归李贼。贼亦以关外各镇，吴兵最强，辇金珠彩币，声言招降犒赏。"

当然，他的这一举措也是出于无奈，他希望能用自己的投降求得手下5万军队的军饷，求得随他而来的关宁民众能够得以安置。退一步说，至少可以保证已有的特权和在京家小生命财产的安全，也不排斥能在新朝取得佐命功臣的幻想。

吴三桂选择归顺大顺新朝的抉择后，率部向北京开拔，并通过张贴形式来表明自己的行为。当时永平人、后来归附清朝的江川前知县说，自三月二十三日起，吴三桂就"从关上至永平，大张告示，本镇率所部朝见新主，所过秋毫无犯，尔民不必惊恐"。江川前知县节革是永平人，自述亲眼见到这份告示。就是说，其真实性，是没有疑义的。这里所说的"朝见新主"，就是要赴京面见大顺王李自成。

几天以后，李自成在致左良玉等人的檄文中也公开宣布吴三桂已经归顺这一事实。檄文中说："大顺国王，应运龙兴，豪杰响附，唐通、吴三桂、左光先等，知天命有在，回面革心，朕嘉其志，俱赐彩缎二十匹、黄金二十金、白金四十两，所将兵卒，先给四月兵粮，俟立功日，量功升赏；抗命周遇吉等，具服五刑，全家诛戮，刑赏昭然，判若白黑。尔等当审时度势，弃昏就明，身享令名，功业弈世，孰与弃身逆命，妻子戮辱，大福不再，后悔噬脐。檄到须知。"

但是，大顺军进京以后的行动使他的这些希望成了泡影。就在吴三桂决定投降并率部赴京途中，新的情况出现了。从三月二十七日开始，大顺军开始了对明朝在京官绅进行拷夹追赃，这项工作是在刘宗敏主持下进行的。为了适应这一需要，专门制作了刑具，使用特制的"夹棍"来拷打明朝降官，并在天街以残酷的刑具夹杀两人。吴三桂的父亲吴襄原为明总兵官，亦在拘禁抄家拷掠之列，而且吴三桂部下将士家属在京者不是少数，从北京逃出来的明官吏以及家属、百姓带来消息，以及吴三桂派往北京侦察人员送回的情报，都让吴三桂觉得问题越来越严重。

吴三桂率部行至永平西的沙河驿，得到父亲派来送信的人，信中说在京遭到酷刑追逼的情景，要他亟来救父。有记载说，吴三桂在沙河驿见到父亲派来报信的老苍头与一姬，跪在地上对三桂说：老将军被逮捕关押，一门皆为掳，独姬一人得脱，赶紧东归报告将军，请将军赶快想办法营救。顺治元年（1644年）的一份塘报所说尤为具体：三桂差人进北京打探老总兵、圣上消息，有闯贼在北京捉拿勋戚文武大臣，拷打要银，将吴总兵父吴襄夹打要银，止凑银五千两，已交入。吴襄打发手下旗鼓官傅海山，将京中一应大事，一一诉禀。吴老总兵已被闯贼刑法将死。吴总兵闻之，不胜发竖。言君父之恨，必以死报。这份塘报，收录在《甲申纪事》一书里，作为附录。北京城里发生的这些情况，让吴三桂本人和他手下的关宁将士，对大顺政权产生了敌意。这一情况，还可以从山海关一带不少士绅商户在人力、物力、财力上支持吴三桂的行为中得到证实。如乡绅、生员佘一元、郭应龙、孟四吉等人，纷纷出钱出人出物，输助粮饷7850余两，稽查战马120余匹，吴三桂又从当地百姓中新募兵数千。

促使吴三桂降而复叛的另一个原因，便是爱妾陈圆圆被刘宗敏夺占。陈圆圆名沅，是苏州名妓，与顾寿、董小婉、李香君齐名。善南戏，弋阳腔，以色艺双绝艳名远播。崇祯十四年（1641年），田弘遇从江南用高价买回。田死后，三桂对陈圆圆情有独钟，答应正式迎娶，并以付给千金作为订金。由于守边军务在身，不得不返回宁远，而将她留在京师，此时吴三桂33岁。李自成入京后，刘宗敏将她据为己有，也并非以讹传讹。吴三桂不仅从家人送出信息中得知陈沅为刘宗敏所有，还得知李自成知道后，要刘宗敏将陈沅归还给三桂，刘宗敏坚持不肯，这样，就进一步激怒了吴三桂。在那个士大夫极其重名节的时代，社会舆论也很在乎这一点。《平吴录》里载吴三桂由永平取路到京，名为勤王，实欲归李，途遇家人持襄书，有亟来救父语，及问家人，知沅已入贼手，乃大怒，复襄书曰：父既不能为忠臣，儿亦安能为孝子。仍拥兵归山海关。《吴三桂纪略》里还说：吴三桂表示："不杀权将军，此仇不可忘，此恨亦不可释。"客观地说，他是在知道爱妾被抢后才下决心反叛的。至少说是因为这件事情的发生，诱发了他对大顺政权的怀疑和反感。

李自成的这些做法同对吴三桂许以封侯的承诺是自相矛盾的。这种策略上的失误，表现出大顺领导集团的随意性，说起原因，自然在于低估了吴三桂的能动性与可变性，在于没有估计到清朝对吴三桂正在施行的策略。

三月二十七日，吴三桂率部掉头返回关城，两天疾驰三百里，这与他奉调入京一天只行数十里的速度相比，其轻重缓急，是不言而喻的。吴三桂回到山海关，立即对大顺守关部队发起攻击。由于变出意外，唐通等在毫无准备的情况下，遭到吴三桂的突然袭击，守关部队几乎全部被歼。有说唐通8000人的部队最后逃出的只有8人。为了壮大力量，吴三桂在演武场宴请乡绅父老，招集溃散及唐通降兵两万人，又新募兵数千人，发布讨伐李自成的檄文，指斥李自成弑我帝后，刑我缙绅，戮我士民，掠我财物。檄文最后说："试看赤县之归心，仍是朱家之正统。"他还将檄文贴到京城附近。进而斩杀大顺前往招降的官员李甲之首祭旗，割下陈乙的双耳故意放归回去通报，声言："令李自成自首送来。"

吴三桂在袭击山海关大顺守军的消息传来，李自成遣白广恩统兵前往永平增援，为吴三桂所击溃。李自成又增派2万部队守关，派唐通携带吴襄写信给三桂的信与银子4万两前往招抚，陈说利害，劝谕来降。信中说："汝以皇恩特简得专阃任，非真累战功，历年岁也，不过为强敌在前，非有异恩激劝，不足诱致，此管子所以行素赏之计，而汉高一见韩彭，即予重任，盖类此也。

今尔徒饬军容，巽懦观望，使李兵长驱直入，既无批亢捣虚之谋，复乏形格势禁之力，事机已失，天命难回。吾君已逝，尔父须臾。呜呼！识时务者，亦可以知变计矣。昔徐元直弃汉归魏，不为不忠。子胥违楚适吴，不为不孝。然以二者揆之，为子胥难，为元直易。我为尔计，不若反手衔璧，负钻舆棺，及今早降，不失通侯之赏，而犹全孝子之名。万一徒恃愤骄，全无节制，客主之势既殊，众寡之形不敌，顿甲坚城，一朝歼尽，使尔父无辜并受僇辱，身名俱丧，臣子均失，不亦大可痛哉！语云：知子者莫若父，吾不能为赵奢，而尔殆从疑于括也。故为尔计，至嘱至嘱。"有说此信为牛金星所撰，以吴襄名义发出的，但所代表的却是李自成的意图。他们还带去银子4万两，黄金千两，绵币千端，以及李自成发出的封吴三桂为侯的敕命。李自成又发兵2万前往山海关。

这一过程，虽为史家所注意，但多语焉不详。《清史列传》以简明的语言概述了这一过程说："李自成遣伪兵政府侍郎左懋泰偕通守山海关。通遗三桂书，盛夸自成礼贤，啖以父子封侯。三桂甫领兵入卫，兵至永平，闻其妾陈沅被虏。还兵击。通败，仅以八骑走。其标下八千尽溃，降三桂。自成闻之，令降将白广恩援通，兵亦溃。自成别以兵守关。遣通还银四万两，犒三桂军。"

唐通来到吴三桂营中，转交了吴襄的信。时间只差几天，吴三桂先从家人报送的消息与这批招降人员送来父亲的信中所说内容却截然相反，他相信父亲派人送的信息是真实的，因而认定李自成所谓的招降全是骗局，是想诱他进京除掉他。因此，十分气愤，当即表态，说吾吴三桂堂堂大丈夫，岂肯降此逆贼，受万世唾骂！并喝令左右处斩来使。而他的部下参将冯有威则提出不如收其金币，散犒兵卒，然后起兵打个措手不及。吴三桂也觉得这样做更加稳妥。于是谈判继续进行。唐通对吴说：老总兵新主十分优礼，专待有军，共图大业，以作开国元勋。又说："将军久在边关，功高汗马，岂意奸臣败事，国丧君亡，天下生灵涂炭久矣，今新主豁达宏博，网罗英豪，虽无尧舜之仁，颇有汤武之德。渴慕将军，盛望一见，即当封拜，位在诸臣之上矣。"吴三桂便佯作应承："前日使者言之无绪，使我一时忿躁，遂致决裂如此。今家君见在羁囚，恐旦夕不保，桂方悔恨，幸将军驾临，自当改弦易辙，共建百世之功。"实际上却在另作打算。四月四日，吴三桂杀死大顺使者，又割下一名使者双耳，进而致书吴襄断绝父子关系。书中说："不肖男三桂，泣血百拜，上父亲大人膝下，儿以父荫，熟闻义训，得待罪戎行，日夜励志，冀得一当，以酬圣眷。属边警方急，宁远巨镇，为国门户，沦陷几尽。儿方力图恢复，以为李贼猖獗，不久即当扑灭，恐往复道路，两失事机，故尔暂稽时日。不意我国无人，望风而靡。吾父督理御营，势非小弱，巍巍万雉，何致一二日内，便已失坠，使儿卷甲赴阙，事已后期，可悲可恨。侧闻圣主晏驾，臣民僇辱，不胜眦裂！犹忆吾父素负忠义，大势虽去，犹当奋椎一击，誓不俱生，不则刎颈阙下，以殉国难，使儿缟素号恸，仗甲复仇，不济，则以死继之，岂非忠孝媲美乎？何乃隐忍偷生，甘心非义……父既不能为忠臣，儿亦安能为孝子乎？"从而同李自成彻底决裂。他和山海关总兵高第二人就地补充兵员后，总兵力合计五万余人，其中包括吴三桂部众里最强悍的掺杂着部分"彝丁突骑"、"蒙古锐丁"的三千多子弟兵。以吴三桂突出的军事才能以及在关外与满蒙八旗抗衡十多年的战争经验，成为李自成的严重威胁。

四月九日，山海关军情紧急警报传至北京，谣言四起，人心惶惶。十一日午后，在人流密集的长安街上贴出了有"明朝气数未尽，人思效忠，于本月二十日立东宫为皇帝，改元义兴"的大字报，刘宗敏派人察访，了无踪迹，遂将张贴大字报地方的数十家居民逮捕。随即，在宣武门外也贴出大字报说："天命劫运，借手于闯，警戒贪污赃吏。诸臣顿忘明朝以受新职。今大明运当中兴，太子神异，大小百官，即宜共辅太子，仍行明朝之事，即有神佑之。毋依然叛逆，不思明朝，立有天谴。此观音赐梦，不出此示，天亦谴之。"四月十七日，进而在皇城城墙上也出现了大字报。人们议论纷纷。吴三桂发布的讨伐李自成的文告也迅速在近京地区广泛传播，民间相传平西伯吴三桂密谕都城士民，丧服大袖作为标志，以有别于大顺军。

刘宗敏曾让聋道人占卜,得坤之剥。又问:我主夜梦,宫门上悬一大赵字,主何祥?回答说:赵字从走从小月,小月二十九天,小尽也。意思是战我不胜,以是日退走。

十二日,李自成召开紧急会议,商定对策。大顺在京主要的文武将官都出席了会议。会上,诸将推诿不前。由于吴三桂的转变与吴襄被拷掠、爱妾陈圆圆被掳有因果关系,而这两件事又都与刘宗敏有直接关系。所以,他批评了刘宗敏的做法,提出对吴襄进行抚慰,让牛金星代笔写信给吴三桂,劝其来归。

会上,就是否发兵东征一事展开了讨论。当时的牛金星已经意识到问题并非如此简单,认为不宜出动大兵东征,特别是亲征。他说:我主新得京师,人心震叠,彼必不敢轻动,亟即真而颁劝赏,示激劝,偏师往击,未晚也。这就是说,当时大顺军的做法应固守北京,按兵不动,静观时变。这不能不说是一种慎重的考虑。宋献策也以为牛金星的分析与意见是万无一失的。他说:如果皇爷出战,对皇爷不利。吴三桂来,对吴三桂不利。如果我们看一下十二日明朝官员陈方策在塘报中所说的一段话,问题就会更加清楚明白。这里说:李自成自入关以来,只经宁武、榆林两战,从兹以往,望风溃附,错认无敌,其志多骄,骄可图也。就是说,李自成的志骄意满的弱点已为对立面所关注。

李自成与刘宗敏等因对当时形势缺乏基本认识,对吴三桂思想动向与实际情况缺乏真正的了解,作出错误的判断,认为山海关不过是弹丸之地,不足挂齿,以为可一鼓下。刘宗敏公开说:"不足当京师一角,用脚尖踢倒耳。"李自成也依据自己得到不可靠的情报,说吴三桂勤王师仅3000人,吾发兵10万,号称30万,以100人捉一人,可靴尖踢倒耳。同时认为三桂与北兵久相仇杀,必不相救;即或来救,北兵住满洲,衣粮、马匹、器械尚须整顿而来,旷日累月,因此全不提防。在他看来,以10万大军对付吴三桂的3000人是胜券在握的。

在这次领导核心分析形势商定对策的会议上,大顺政府的所有领导人,

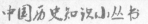

为几个月来的胜利冲昏了头脑，对当时军事对峙的严重性以及复杂性、尖锐性估计不足。没有一个人想到据有东北的清朝正在入关，没有想到吴三桂会投靠与他长期为敌的清朝，更没有意识到由他亲征一旦失利将出现的后果是什么。在他看来，不但自己的军事实力远远超过吴三桂，而且吴三桂的父亲吴襄及其家属也都控制在自己手中。吴三桂不是在大兵东向途中卷甲归降，也一定会在战争中被轻而易举地消灭掉。而这一切，都是源于对吴三桂兵力与能动性估计的错误，吴三桂绝不是只有3000人，而是5万人，还有山海关地区乡绅的支持，其力量并不比大顺军东征部队少多少，若是加上前来助战的清军，在数量上大大超过了大顺军的东征部队。基于3000人的错误估计，李自成悍然决定东征，还决定亲赴山海关御敌。

十三日，李自成身着蓝布箭衣，由北京正阳门起行，率领大顺军主力向山海关开拔，号称10万，实际上8万人。随同前往的，还有刘宗敏等大顺军的主要将领，崇祯帝三个儿子太子朱慈烺、永王朱慈炯、定王朱慈焕，以及吴三桂的父亲吴襄，也随之以行。之所以带太子、二王与吴襄出行，其用意自然是为了争取吴三桂。同时决定留牛金星和李友等将领万余人守卫北京。为了增强军威，清除出师后北京城内可能出现的动荡隐患，这天夜里，大顺在西华门外，处死了已经归顺并交出家产的明朝官绅60余人。

李自成的这种轻敌麻痹思想和政治解决的幻想正好被吴三桂所利用。吴三桂得知李自成亲自率军东征的消息后，一面加紧同清朝勾结，派副将杨坤、游击郭云龙出关北向，前往清朝求援；同时大张旗鼓地进行战前政治动员。他先在山海关演武堂，聚合关、辽两镇诸将并绅衿举行誓师，又在校场与诸将绅衿歃血为盟，杀奸细张有起、张五祭旗，激励士气。这就是记载中所谓的"南郊誓师"。又派山海关士绅、儒生李友松、谭邃寰、刘泰临、刘台山、黄镇庵、高选等六人迎候李自成大军于北京之东不远的三河县，表示投降之诚意，以拖延时日。李自成直至行抵关门之时，吴三桂派去接洽投降的代表妄图脱逃，这才察知是上了吴三桂的当，此时已贻误了轻兵速进夺取关门的最佳时机。

李自成率部四月十三日从北京出发后，十五日到密云，四月十七日抵达永平，走了五天时间，平均每天行进110里。这里是吴三桂设置的第一道防线，在这条防线上布列的是乡勇，没有什么战斗力。因为没有遇见吴军主力，又加上吴三桂派来的六个当地士绅一再声称吴三桂愿一见东宫而降，所以李自成对前锋来报告乡勇拦路的情况没有给予应有的注意，从永平到山海关还有180里，大顺军又足足走了四天，才到达山海关前15里的七星寨。

多尔衮率领清军于四月九日由沈阳出发向山海关方向移进。开始每天只行60里，最多也不过80里。十五日，到达翁后（今辽宁阜新），遇到了吴三桂派出的使者副将杨坤、游击郭云龙，见到吴三桂的求援信，信上说：“三桂初蒙我先帝拔擢，以蚊负之身，荷辽东总兵重任，王之威望，素所深慕。但春秋之义，交不越境，是以来敢通名，人臣之谊，谅王亦知之。今我国以宁远右偏孤立之故、令三桂齐宁远而镇山海，思欲坚守东陲，而巩固京师也。不意流寇逆天犯阙，以彼狗偷乌合之众，何能成事？但京城人心不固，奸党开门纳款，先帝不幸，九庙灰烬。令贼首僭称尊号，掳掠妇女财帛，罪恶已极，诚赤眉、绿林、黄巢、禄山之流，天人共愤，众志已离，其败可立而待也。我国积德累仁，讴恩未泯，各省宗室，如晋文公、汉光武之兴者，容或有之。远近已起义兵，羽檄交驰，山左江北，密如星布。三桂受国厚恩，悯斯民之罹难，拒守边门，欲兴师问罪，以慰人心。奈京东地小，兵力采集，特泣血求助。我国与北朝通好二百余年，今无故而遭国难，北朝应恻然念之，而乱臣贼子，亦非北朝所宜容也。夫除暴剪恶，大顺也；拯危扶颠，大义也；出民水火，大仁也；兴灭继绝，大名也；取威定霸，大功也。况沅寇所襞金帛子女，不可胜数，义兵一至，皆为王有，此又大利也。主以盖世英雄，值此摧枯拉朽之会，诚难再得之时也。乞念亡国孤臣忠义之言，速选精兵，直入中协、西协，三桂自率所部，合兵以抵都门。灭流寇于宫廷，示大义于中国。则我朝之报北朝者，岂惟财帛，将裂地以酬，不敢食言。本宜上疏于北朝皇帝，但未悉北朝之礼，不敢

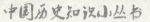

轻渎圣聪，乞王转奏。"此事完全出乎多尔衮的预料。按照清军原定计划，是要绕过山海关长城，从蒙古地区进入内地。吴三桂在信中以联合消灭农民军的条件，"岂惟财帛，将裂地以酬"，宣传明朝各地义兵"羽檄交驰"，"密如星布"，声称他本人遵循"春秋"之义，"交不越境"，表明他是在请求清朝出兵给他以救援。

多尔衮收到此信后，又惊又喜，他从吴三桂来信中洞察到战场形势发生了非常有利于清朝方面的变化，立即召开军事会议，研究如何应对。会议确定这次出师的目的是扫除乱逆，即与大顺军作战，强调军队纪律，不屠人民，不焚庐舍，不掠财物，其开门归降及为内应立大功者，破格封赏。并且确定从蓟州、密云疾行而前。若大顺军退走，则以精骑急追。若据京城抗拒，要连营城外，断绝西路援军，一战而歼。并且按照这一思想进行部署，命锦州汉军运送红夷大炮向山海关进发。

十六日，多尔衮复信给吴三桂，以政治家的风度和胆识表示要底定中原，与民休息。却提出希望吴三桂率众来归的要求："今伯若率众来归，必封以故土，晋为藩王，一则国仇得报，一则身家可保，世世子孙长享富贵，如河山之永也。"吴三桂收到多尔衮的复信，第二次写信给多尔衮，派郭云龙前往勾通。信中说："接王来书，知大军已至宁远，救民伐暴，扶弱除强，义声震天地。其所以相助者，实为我先帝，而三桂之感戴，尤其小也。三桂承王谕，即发精锐于山海以西各处，诱贼速来。今贼亲率党羽，蚁聚永平一带，此乃自投陷阱，而天意从可知矣。今三桂已悉简精锐，以图相机剿灭。幸王速整虎旅，直入山海，首尾夹攻，逆贼可擒，京东西可传檄而定也。又仁义之师，首重安民，所发檄文，最为严切，更祈令大军秋毫无犯，则民心服而财土亦得，何事不成哉！"

山海关除镇城外，四面还有四个小城。东、西两面称东罗城与西罗城，南北两面称南翼城与北翼城。

吴三桂据有关城后，动员和组织军民构筑作战工事，其兵力部署是只留下少数军队和乡绅防守关城，把主力已拉到石河布防，摆开阵势。镇城与东罗城、西罗城，委派乡绅率领乡勇防守。一片石又名九门口，位于山海关北稍偏，距关约30里，是燕山山脉东端的一座雄关。大顺军比多尔衮先期到达山海关。

二十日，李自成到达山海关，亦把主力摆在石河地方，出动四万多人进入石河西吴三桂布下的防线。采取三面夹攻的策略，对东罗城、西罗城、北翼城展开围攻。为防止吴三桂东遁，同时派出部队两万人，从山海关西北三十余里的一片石出，绕道东来，对吴军实行包围。又让吴襄在阵前劝降。吴三桂愤怒异常："逆贼如此无礼，我吴三桂堂堂丈夫，岂肯降此逆贼？受万世唾骂，忠孝不能两全，叱左右将来使斩之。"屯驻在这里的是原山海关总兵高第部下万人和临时招募的乡勇组成的混合军团，装备和战斗力都很差。在吴三桂亲自指挥下，前后已经与大顺军连续十三战，诸书或云"十三战无胜负"、"前后十三战，胜负相当"，表明双方势均力敌。大顺军前锋一直未能突破这道防线。吴三桂已成功地延缓了大顺军的进军速度。

吴三桂加紧向清方请求援助。他再次写信给多尔衮，提出联合消灭李自成农民军的意见。他给予的条件，既有丰厚的财帛回报，还有裂地以酬的补偿。同时以假谈判拖延李自成的行动，等待多尔衮的答复。

同一天，多尔衮在连山收到吴三桂送来的第二封信，览信后，得知军情紧迫，万一山海关提前为大顺军占领，要从大顺军手中夺取山海关，就不那么容易了。于是，多尔衮命令清军加速行军，昼夜不停，一定要抢在大顺军的前头，到达关前。当年在清军军营中两位朝鲜人，根据自己所见，分别记述了这个情况。《沈馆录》说：达夜疾驰，人马饥渴，黄埃涨天，夜色如漆，人莫开眼，咫尺不辨。二十一日，"越过中后所、前屯卫、中前所，至关外十五里许，日已昏黑，屯兵不进，一昼夜之间行二百里矣"。《燃藜室记述》说："行五日，欲投宿于连山驿，吴三桂又送将官于九王，言贼兵已迫，愿促兵来救，九王闻即发行驰进……翌日，又早发到关门外，相距十五里地，一昼

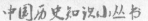

夜盖行二百里云。翌日平明，驻关外五里地。关门内烟尘张天，炮声乱动而已。"全副武装的大部队一昼夜之间行能二百里，其速度之快是可想而知的。

二十一日晚，清军到达山海关外，驻营于欢喜岭，距关城仅有十余里。清军及时赶到山海关城外，使吴三桂看到了希望，清军也为此感到高兴。因为入关是清人的愿望，经过祖辈与父辈两代人的努力，都未能如愿，而今这一愿望终于变成了现实。

三个不同阵营即吴三桂的关宁兵、多尔衮的清兵与李自成的大顺兵，在关前同一战场上出现，决战即将开始。

大顺军与吴三桂昼夜激战。大顺军很快以优势兵力突破了石河防线，开始攻打关城。吴军无法支撑。山海关的几个辅城危在旦夕。吴三桂派使者前往关前请求清兵入关，多尔衮按兵不动，"三桂遣使者相望于遗，凡往返八次"。这是因为吴三桂曾经是清军的对手，而今主动前来请兵，是真心还是圈套，多尔衮心中无数，他要再看一看，以免上当受骗。三桂等不及了，便亲自带着吕鸿章、佘一元等五名乡绅和二百多名亲兵，突围出城，驰入清营向多尔衮求助。随即在清大营中举行谈判。佘一元身历其境，他在"述旧诗"中述说当日的情景："清晨王师至，驻旌威远台，平西招我辈，出见勿迟回，冯（祥聘）吕（学章）暨曹（时敏）程（印古），借余五骑来，相随谒执政……语毕复赐茶，还辔向坡隈，虎旅三关入，桓赳尽雄材，须臾妖氛扫，乾坤再拜开。"经过一番交涉，吴三桂答应称臣，"遂髡其首，以白马祭天，乌牛祭地，歃血斩衣，折箭为誓。兰桂为前锋，九王总重兵居后队。英王张左翼，统二万骑，从西水关入；裕王张右翼，亦统二万骑，从东水关入。于是三桂复入关，尽髡其民，开关延敌"。这里所说"遂髡其首"，就是将吴三桂剃发，剃发是汉族官民降清的一个标志。表明吴三桂正式投降了清朝。这时多尔衮才放心放吴返回，并选择最佳战机命令部队出击。并且商定让吴三桂的军队各用三指宽的白布系身，作为暗记，以免误伤。

二十二日晨，会战全面展开，双方都以猛烈的炮火展开攻势。一片石战场如火如荼。吴三桂悉锐鏖战，无不以一当十，大顺军士气高昂，英勇搏击。双方死伤过半，均有较大的伤亡。在阵前的满兵，坐镇观战，蓄锐不发。大顺军炮火猛烈，已经夺关，连营并进，守关吴军，开始动摇。北翼城守军已向大顺军投降。自成号令将士连营进击，战场上喊杀声震天动地，三桂兵亦左右奋击，杀伤数千，鳞次相搏，前者倒下，后者冲上。李自成挟太子在高地观战指挥，后人称这个高地为将军台。阵数十交，围开复合。吴军伤亡惨重。大顺军经过连日激战，消耗也很大。多尔衮来到威远堡，得知战场上的具体情况，认为时机已到，命令清军出战。下午，大风扬尘，咫尺莫辨。战场上突然响起进军号角，连续吹响三遍，每次接着是呐喊，再下是射出巡箭。数万严阵以待的辫发清军铁骑呼啸而出，犹如万马奔腾，飞矢如蝗，一齐冲上阵前，直向大顺营垒扑来。精疲力竭的大顺军遭到突然袭击，死伤惨重。站在将军台上指挥的李自成见白旗一军，绕道吴三桂军队的右边，迅猛异常地杀上阵前，当即命令后军进行阻击。一位僧人前来，跪于马前，向他禀报：那些高举白旗的骑兵，并不是吴三桂的关宁兵，请大王赶快躲避。霎时间，只见白旗所至，风卷潮涌，锐莫能挡。自成看到这种情景，即刻鞭马下山。满兵万骑，从左右冲突合围。只听有人高呼："鞑子来矣！"数万大军顷刻溃散，为了逃离战场，自相蹂践。吴三桂的部队这时也杀上阵来，与清兵配合乘势追杀，勇冠三军的刘宗敏在尘沙飞扬中，中箭坠马。大顺将领十五人战死疆场，士兵伤亡很大，辎重、马匹大多丢失，快速退军40里，至永平，在范家店杀了吴襄。明太子、二王，不知所终。

【第六章】

# 清军长驱入关与迁都北京

入据中原，统一全国是皇太极既定的战略目标。皇太极未能实现这一夙愿，但他的继承人多尔衮等却在为实现这一目标而孜孜不倦地奋斗。然而，直到崇祯十七年（1644年）三月，清朝的势力范围仍然在关外，在关内未曾有一席之地。

由于沈阳清方据有关外之地，从未与李自成农民军接触，在崇祯十七年（1644年）正月之前，对李自成农民军可以说是一无所知。其得知大顺的确实信息，是通过专使迟起龙与大顺大将王良智交往获得的。作为大清的专使迟起龙是三月三日在榆林见到王良智，并将国书交给了王良智。尽管没有见到李自成，也没有得到李自成的正式回复，可迟起龙通过与王良智的接触已经得知李自成正在率部向北京进军。

沈阳清方得知李自成攻克北京的消息，在三月底或四月初，材料来自朝鲜人的报告。这时国内政治形势出现的重大变化，而且这一变化是清方事先未能想到的。先前曾经致书农民军，提出联合推翻明朝，而今明朝已经为大顺军所推翻，清朝怎么办？问题提到议事日程，要求清方决策者给出自己的回答。

此时，范文程正在盖州温泉养病，清廷忙把他请出来，商讨应对策略。由于李自成已入据北京，范文程明确指出之后清朝的对手首先是大顺国，是李自成。他说："我国虽与明争天下，实与流寇争夺。"就是说，在明朝被推翻之后，据有北京的大顺是夺取全国政权的最大障碍，并对大顺军的状况进行了全面的分析，范文程指出："虽拥众百万，横行无惮，观其必败之原因有三：逼殒其主，天怒矣；刑辱缙绅，拷掠财货，士忿矣；掠民资财，淫人妇女，火烧人家庐舍，民恨矣。有此三败，再加上行之以骄，可以一战而破。"依据这一分析，提出趁大顺政权尚未立定脚跟，志骄意满之机，迅速出兵进行突然袭击。多尔衮非常重视这一建议，并且按照这一思路作了相应的部署。

四月九日，多尔衮率领武英郡王济格、豫郡王多铎、谋士范文程、洪承畴和降将孔有德等人，统兵14万，大举南下，他告诫英王、裕王说："吾尝三围明都，不能遽克。自成一举下之，其智勇必有大过人之处。今统大兵亲至，志在不小，得勿乘战胜精甲，有窥辽之意乎？不如分兵固守，以觇动静。"他们坐观时变，谋求最佳效果。

山海关，这个号称"天下第一关"的战略要地，从努尔哈赤到皇太极，数十年间，多次发兵意欲突破而未能如愿，只能望关兴叹。现在时机来到了。驻守在山海关的总兵吴三桂主动向清朝求救，而且迫不及待，多尔衮通过讨价还价，以吴三桂的降清为条件，在吴三桂的引导下，开赴山海关，选择李自成和吴三桂两败俱伤之际，率领清兵出战，大败大顺军，不仅取得了战役上的辉煌胜利，大显军威，出乎意料地实现了清朝开国以来向往已久的入关愿望，而且打败了刚刚推翻明王朝的大顺军。大顺军的这一败北，非同小可，既改变了李自成本人的命运，使他从胜利顶峰上跌落下来，也改变了大顺朝的命运，使大顺从胜利的顶峰上跌落下来，从胜利走向失败，并使中国历史步入了又一次的大转折。

足智多谋的多尔衮在山海关战役结束的当天，晋升吴三桂为平西王，以马步兵13000人交吴三桂指挥，追击大顺军。

李自成战败后，士气低落，由于变出意外，军中上下没有任何准备，因而仓促撤退，部署混乱，二十六日，回到北京，杀了吴三桂全家34口。这时京城秩序混乱，谣言四起，有人散发传单，说要共辅太子。由于清军的进逼，大顺军主力遭到挫败，一时无法组织军民进行有力的阻击，决定放弃北京。同时决定在退出北京之前，举行登极大典，完成称帝的夙愿。二十九日，李自成在武英殿即位，被衮冕，接受文武百官的朝贺，追尊七代考妣为帝后，立妻高氏为皇后，天佑殿大学士牛金星代行天郊礼，六政府各颁赦书，称大顺永昌元年（1644年）。刘尚友述说其事时，用礼殊草草四字来概括。同时紧急部署撤退工作。命令各营收拾行装，携带武器，是晚三更，开始出城西行。三十日黎明，李自成挟太子拥众出齐化门，刘宗敏因身负伤，不能行走，躺在一副单架上让四人抬着以行。果毅将军左光先、都尉谷大成率万骑最后撤离北京。大军离开后，放火焚烧了宫殿及九门城楼。由于撤离仓促，大顺军纪律失控，北京城内异常混乱。那些对大顺军心怀不满的人，大打出手，趁火打劫，伺机报复，对于掉队的大顺士兵，乱砍乱杀。刚刚降于大顺的官员见形势有变，纷纷离去，有的乘机向江南逃窜；大顺军中的士兵离去的为数也不少。

五月一日，多尔衮行至通州，获得李自成放弃北京西逃的消息，立即命令阿济格率领吴三桂进行追击。他自己于第二天陈列仪仗，从朝阳门进入北京，在武英殿升座，受到在京明朝官员的膜拜，实现了梦寐以求的夙愿。

但是，清军面临的形势复杂而严峻。大顺军虽然退出北京，但仍拥有数十万部队，依然是清军夺取天下最大的障碍。同时，张献忠率领的大西军进入四川，拥有数十万军队。明朝在河南、江淮以南地区的力量并未遭受到大的损失，五月十五日，南京明朝官绅拥立福王朱由崧称帝，建立弘光政府，宣布大赦天下，各镇军队总数也不下数十万人。清军虽然进入北京，人们对于满人并不心服。

在入城之前，多尔衮发出令旨，晓谕官兵人等知道："曩者三次往征明朝，俱俘掠而行，今者大举，不似先番。蒙天眷佑，要当定国安民，以希大业。入边之日，凡有归顺城池，不许杀害，除剃头而外，秋毫毋犯；其乡屯散居人民，亦不许妄加杀害，不许擅掠为奴，不许跣剥衣服，不许拆毁房舍，不许妄取民间器用；其攻取之城，法不可赦者戮之，可以为俘者留养为奴，其中一应财货，总收公用。其城郭不论攻取、投顺，房舍俱不许焚烧。犯此令者，杀以儆众。"此谕把此次进关和以前的进关作了严格区别，指出这次进关"要当定国安民，以希大业"，而不再是俘掠，说明战争目的完全变了。适应这一需要，提出了实行五不政策，即不许妄加杀害，不许擅掠为奴，不许跣剥衣服，不许拆毁房舍，不许妄取民间器用，目的在于争取民心。为避免北京城内的居民遭到清军的侵扰，命令将士自带干粮，食宿自理。时人亲眼见到入京的清兵，只在城上活动。纪律甚严，附近居民有馈送食物者，都不敢接受。他们每天"所食物黑碎而干，以少水吞之，便度一日，盖牛炒之类也"。这与大顺军入城几天后同样骚扰百姓、侵犯百姓利益的行为形成了对照。这种严明的军队纪律，使京城居民对清军有了直接了解。

进入北京的第二天就下令："今本朝定鼎燕京，天下罹难军民，皆吾赤子，出之水火而安全之。"明确清朝将以北京为首都，先前明朝的军民如今就是清朝的子民，一律给予保护。同日，命令中央政府机关立即开始运转。下令内阁、六部、都察院等各衙门官员照旧录用，要求速将职名如实开报，其避贼回原籍隐居山林者，亦可如实开报，仍以原官录用。还宣布各州县地方官，凡是归顺的文武官员各升一级，号召他们携带钱粮册籍来京朝见；鼓励他们就地维持社会治安。同时提出以五月二日为时间界限，在此日昧爽前，明朝及大顺各地方官能够投诚的，不分东林党、阉党，不论是否投降过大顺，或是否抗拒过清朝，罪无大小，一律赦免，过期不携钱粮兵马册籍到北京报告，"显属抗拒，定行问罪，发兵征剿"。他用恩威并施的政策，促使明朝与大顺官员的分化，并使他们中不少人纷纷向清朝靠拢，归附清朝。仅七月一个月，吏部左侍郎沈惟炳推荐36人，户部左侍郎王鳌永推荐39人，兵部左侍郎刘馀佑推荐9人，多尔衮当即批复予以录用。又宣布对明朝宗室藩王的政策，凡是归顺者，"并不夺其王爵，仍加恩养"。顺天巡抚宋权在大顺军入京后，曾归附大顺，他说："我封疆臣，国亡无所属，复故主仇者，即吾主也。"这是很有代表性的一种观点。宋权降清后积极为清朝出谋划策，使清军迅速占据了北京附近21州县的地区。

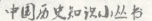

　　多尔衮还注意利用大顺政权的失误来取得人们对清朝的好感，千方百计地把清朝装扮成明朝的合法继承者。在入京后的第三天，下令为崇祯帝发丧，官民戴孝三天，以帝后的葬仪进行安葬。声称："流贼李自成原系故明百姓，纠集丑类，逼陷京城，弑主暴尸，括取诸王、公主、驸马、官民财货。酷刑肆虐，诚天人共愤，法不容诛者。我虽敌国，深用悯伤，今令官民人等，为崇祯帝服丧三日，以展舆情。著礼部、太常寺备帝礼具葬。除服后，官民俱著遵制剃发。"这一声明，既挑起旧明官绅兵民对李自成的仇视，又满足了明朝官民对崇祯帝的怀念情绪的要求，此令一下"官民大悦，皆颂我朝仁义"，就说明了它的实际效果。

　　清军在占有了畿辅地区之后，多尔衮高瞻远瞩，大胆地提出迁都北京的建议。六月，多尔衮召开最高领导集团会议，就迁都北京问题展开讨论，统一认识，宣布迁都北京，并且作出部署。委派辅国公吞齐喀、和托，固山额真何洛会前往盛京，向顺治帝和留守盛京的官员说明迁都的原因："燕京势踞形胜，乃自古兴王之地，有明建都之所，今既蒙天畀，皇上迁都于此，以定天下，则宅中图治，宇内朝宗，无不通达。可以慰天下仰望之心，可以赐四方和恒之福，伏祈皇上熟虑俯纳焉。"说明迁都燕京是以安定天下的需要。并且决定只留少数官兵镇守辽东，其他所有满洲贵族、兵丁奴仆以及盛京的帑银、存粮一律搬至北京。这无疑是一个英明的决策。不仅使满族完成了民族大迁徙，走出了白山黑水，遍布全国各地，加速了与汉族的融合，而且对于清朝建立全国的政权，完成朝代更替都具有十分重要的意义。

　　七月八日，摄政王多尔衮发布了《清摄政王多尔衮安民令旨》，向全国军民说明了清朝所要实行的基本政策：

　　大清国摄政王令旨，谕官吏军民人等知道：予闻德惟善政，政在养民。养民之道，必省刑罚，薄赋敛，然后风俗醇而民生遂……至于前朝弊致厉民最甚者，莫如加派辽饷，以致民穷盗起，而复加剿饷，再为各边抽练而复加练饷。惟此三饷，数倍正供，苦累小民。剔脂刮髓，远者二十余年，近者十余年，天下嗷嗷，朝不及夕，更有召买粮料，名为当官平市，实则计亩加征。初议准作正粮，既而不肯销算。有时米价腾贵，每石四五两不等，部议止给五分之一，高下与夺，惟贿是凭。而交纳衙，又有奸人包揽，猾胥抑勒，明是三饷以外重增一倍，催科巧取，殃民尤为疵政。予哀尔百姓困穷，一害未除，恫切体，徼天之灵，为尔下民清命。自顺治元年为始，凡正额之外一切加派如辽饷、剿饷、练饷及召买米豆，尽行蠲免。备该抚按即行所属各道府州县军卫衙门，大张榜示晓谕通知，如有官吏通同朦胧，混征暗派者，察实纠参，必杀无赦。倘纵容不举，即与同坐。各巡按御史作速叱驭登途，亲自问民疾苦。凡境内贪官污加耗受赇等事，朝闻夕奏，不得少稽，若从前委理刑官查盘，委府州县访恶，纯是科索纸赎，搜取赃罚，名为除害，实以害民，今一切禁绝不行。州县仓库钱粮只许道府时时亲核，衙蠹豪恶只许告发重治，总不容假公济私，浚民肥己，有负朝廷惠养元元至意。庶几政平讼理，家给人足，四方风物用慰予心。特谕。顺治元年七月初八日。

这份文告，抓住人们最为关心的问题，申述了清朝的主张与主要政策，使关内人们对清朝有了了解，并对多尔衮其人有了好感，对清朝入关后建立稳固的社会秩序有着积极的作用。

在多尔衮等人的谋划下，迁都的各项准备工作已经完成，并且正式开始迁移。八月二十日，顺治帝从盛京起程，九月到达北京。十月一日早晨，顺治帝在北京举行第二次登极大典。

顺治帝第一次即位大典是去年八月二十六日在沈阳举行的。那是在乳媪的扶持下升辇到笃恭殿就位的。一年后的今天，他之所以再次举行登极大典，就是要向世人宣布他不只是满族的皇帝，而是全国各族的皇帝，大清已不再是据有东北的小朝廷，而是中国的主宰。

这天天刚亮，内院大臣们就请顺治帝前往天坛祭天，又一次宣布："告

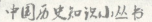
天即位，仍用大清国号，顺治纪元，率由初制。伏惟天地佑助，早靖祸乱，载戢干戈，九州悉平，登进仁寿，俾我大清皇图永固。"礼毕，诸王文武群臣无不欢欣鼓舞。作为第二次登极重要组成部分，是顺治帝于十日登上皇极门，用满、蒙、汉语宣读诏书，以多尔衮劳苦功高加封为叔父摄政王，再一次诏告天下，宣布建有天下之号曰大清，定鼎燕京，纪元顺治。这虽是重述，可也具有特殊的意义。诏书中提出52条应行事宜，内容包括赏赐功臣、赦免罪犯、延揽人才、取消加派、整顿赋税、开科取士、严禁贪污等，使人们看到富有生机活力的清政府正在全力争取民众，谋求治乱策略，为重建社会秩序，安定民心而努力。

清朝迁都北京后，采用军事进攻与政治瓦解相结合的手段，扩大占领区域。到顺治二年（1645年）六月，已经据有了河北、山西、陕西、河南、湖北、山东，击溃了南明福王政府，在芜湖俘获了弘光帝朱由崧。大顺军在清军追赶下，节节失利，放弃西安，南下湖广，在湖北连遭失败，李自成的结局也成为不解之谜，有说在通山为乡勇所毙命，也有说是在通城为乡勇毙命，因没有确据，不好定论，但有一点，即自此而后李自成销声匿迹了，则是不争的事实。之后，清军继续向江南各地推进，荡平了群雄，结束了明末以来的分裂局面，实现了国家的统一。生活在中国大地上的各族人民在大清国的统治下致力于社会经济的恢复。

【第七章】

# 中国社会历史的重大变革

甲申之变的最终结局是大清取而代之，满洲成为中国的主宰。这样的结局，对于清朝历史发展的进程来说可以说是必然的，但对于中国本部的发展进程来说，却是偶然的。站在整个中国历史发展长河的角度来说，清朝统一中国则是必然原因和偶然因素共同作用的结果。

一方面它使朱明王朝在农民起义军的打击下没有回旋余地，出现历史上仅有的直接被农民起义军所推翻；另一方面它以比中国本部的任何势力都具实力，在混乱局面中实现了统一。因为来自边远地区，他们此前没有在中国黄河上下、大江南北树敌，贫苦农民可以把它看作腐朽王朝的对立面，而明朝的官绅也可以把它看作农民起义的对立面。这样，历史又一次例外地出现了明朝和清朝两个大一统王朝相连的现象。随着明清易代的完成，大规模战争的结束，中国大地逐渐恢复了昔日的平静，历史揭开了新一页，中国社会历史出现了重大变革。

在这个新朝里，居住在东北的不为世人注意的满族成为中国统治民族，满族贵族成为权力机构的核心。满族是中国境内一个古老的民族，对汉族来说，是个少数族，是外族，也可以说是异族。但就中国而言，满族与汉族同样都是多民族大家庭中的一个成员。与汉族同样，具有成为执政族的资格。将满族入关，入主中原，说成是外族入侵是不对的，也是不符合历史事实的。在多民族的中国，各族人数上有多少的差别，文化上也高低之分。汉族人数众多，长期生活在经济率先发展起来的黄河流域与长江流域，创造了举世闻名的、光辉灿烂的中华文明，有着丰厚的文化积淀，处于文明较高的社会阶段。满族长期居住在经济落后的东北白山黑水地区，虽然也在发展，但与汉族相比，仍处于文明较低的社会阶段，直到明朝中后期，狩猎游牧仍是其主要生产和生活方式，氏族部落的社会组织形式的影响依然存在。满族建国，从据有东北到拥有全国，走出东北长白山区，林海雪原，步入中国历史舞台，遍布于全国各地，令人刮目相看。

站在新的历史起点上的清朝，由于他们处于文明较低的社会阶段，在入关过程中与入关后的一段时间里，执政者总是力图按照自己的生产方式、生活方式、思想意识和价值观念来改造社会，而这种生活方式、习俗和意识在不少地方都与汉人的农耕文明有很大的差异。他们入主中原，是与武力征服、屠杀和掠夺相伴的，掠人为奴成为他们的基本做法，由于薙发梳辫是满人的习俗，所以，他们将薙发梳辫作为顺从的标志；并且认为只有改从满俗才是真正归顺了大清，因而强力推行剃发令，这就不可避免地遭到汉人的强烈反抗。同时随着他们走出白山黑水，特别是入关后与汉人更多的接触与交往，也在生活实践中日渐认识到先进汉文化的优越性，又自觉不自觉地在吸收先进的汉文化，以提高本族的文化水平。然而，由于文化融合并非一朝一夕之事，从认识到领悟再到吸收运用需要一个较长的过程。汉人原本可以轻松驾驭的先进的优秀文化，满人却不行，满人不明白汉文化的精华是什么，也不真正明白汉文化的消极因素有哪些？这些来自白山黑水的大辫子们希望在保持自己民族特色的前提下，用儒家文化维持其王朝的统治。他们不允许触动旗人的特殊利益或统治基础的任何改革，唯我独尊的权力欲望与封闭僵化的思想，蒙住了他们的眼睛，他们将精力用在如何强化对内的统治上，他们害怕人们与外界接触与交往，极力推行闭关锁国政策；他们看不到当时西方世界已经发生和正在发生天翻地覆的变化，陶醉于天朝世界第一的梦幻中，做着那个万国来朝的美梦。这样就形成了清初极为矛盾的社会政策，一方面接受明亡的历史教训，大力推行以休养

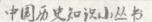

生息、轻徭薄赋为基本内容的经济政策；另一方面，从满足满族贵族既得利益着眼，又实行了野蛮、落后的掠夺与奴役政策。二者相互交织。从时间上说，大约经历了从顺治元年（1644年）清廷入关，到康熙末年近80年间。在此期间，顺应民众要求实施的政策，主要有：

调整土地政策，鼓励垦荒。从顺治元年（1644年）起，清政府就把招抚流亡，鼓励垦荒作为一件大事来抓。其一，宣布垦荒归己，由政府发给垦荒者印信执照，明确产权，并且保护垦荒者的土地所有权。顺治六年（1649年）四月，明确宣布："无主荒田，州县官给印信执照，开垦耕种，永准为业。"有主荒田，令原主开垦，官给牛、种。后又作了补充规定："如有主荒田，原主不能开垦，地方官另行招人耕种，给予印照，永远承业，原主不得妄争。"顺治十四年（1657年），又宣布将"永远承业"改为"永为己业"。康熙二十二年（1683年）对"抛荒"作出规定：凡地土有数年无人耕种完粮者，即系抛荒。以后如经垦熟，不许原主复问。其二，放宽荒地免征年限。关于荒地免征，顺治元年（1644年）八月宣布所垦荒地，三年起科。翌年，将荒地起科分为三类：新垦荒地免租一年；原荒之田，三年后起科；原熟而抛荒之田，一年供赋。六年后，改为"俟耕至六年之后，有司官亲察成熟亩数，抚按核实，奏请奉旨，方议征收钱粮。其六年以前，不许开征，不许分毫金派差徭"。康熙时，继续调整这一政策，准许三年后再宽一年，宽至六年、十年，甚至十五年起科。其三，政府资助耕牛、种子。为了保证垦荒的进行，对于垦荒有困难的农户，由地方政府在耕牛、种子、口粮上给以资助。资助办法是借贷，或春借秋还，或分期归还，次年交完一半，三年照数完纳。其四，以垦荒多寡作为考核官吏的条件。顺治六年（1649年）提出："各州县以招民劝耕之多寡为优劣，府道以责成催督之勤惰为殿最。每岁终抚按分别具奏，载入考成。"十四年（1657年）具体规定："督抚按一年内，垦至二千顷以上者，记录；六千顷以上者，加升一级。道府垦至一千顷以上者，记录；二千顷以上者，加升一级。州县垦至一百顷以上者，记录；三百顷以上者，加升一级。卫所官员垦至五十顷以上者，记录；一百顷以上者，加升一级。文武乡绅垦五十顷以上者，现任者记录，致仕者给匾旌奖。"同时袭用明代旧有民屯、军屯办法，实行屯田。顺治元年（1644年)八月，制定垦荒兴屯令，凡州县无主荒地，分给流民及官民屯种。民屯由政府设立专门机构负责屯垦事宜，各省设屯道厅，置屯道一员，会同县同知二员，"专理兴，屯事宜，督垦荒田"，并派遣御史到各地巡视屯田。各州县还根据当时当地实际情况制定实施细则。明代藩王占有大量土地，经过明末农民战争的冲击，许多藩王被杀或逃匿，所占土地多为原种之人所有。康熙即位后，决定对这些土地进行清理。康熙七年（1668年）十月，下令凡明废藩田产，悉行变价出卖。这一政策宣布之后，引起农民的不满。为此，八年（1669年）三月清政府作出决定，免其易价，给予原种之人，令其耕种，照常征粮。将这些土地改为民产，"号为更名地，永为世业"。据不完全统计，更名田涉及直隶、山西、山东、河南、陕西、甘肃、湖北等八省，共有土地166829顷。其中河南、湖北最多，占全国更名田总数一半以上。

调整赋税政策，取消明末三饷加派。顺治元年（1644年）七月，在发布的《摄政王谕官吏军民人等令旨》中宣布：自顺治元年为始，凡正额外，一切加派，如辽饷、剿饷、练饷及召买米豆，尽行蠲免。十七年（1660年）又申令：天启、崇祯年间加派尽行蠲免，如贪官污吏例外私派多征扰民者，由所在地总督、巡抚、巡按题参重处。根据各地情况减免赋税，大致有五种：一是减免荒地税粮。清初责成各州县区别荒地、熟地，宣布免去荒地税粮。如顺治八年（1651年），免山西荒地额粮15000顷，及直隶、山东、河南、陕西等荒残额赋。二是减免水旱灾区税粮。减免数额，依当时当地灾情程度确定。有一年蠲及数省，一省连蠲数年者。三是免除积欠。由于各种原因，各省税粮往往不能如数完纳，因而形成积欠。康熙四十五年（1706年），下令免直隶、山东本年积欠，同时宣布对山西、陕西、甘肃、江苏、浙江等12省，自康熙四十三年（1704年）以前未完地丁银212万两有奇，粮105000石有奇，悉行蠲免。四是实行轮蠲。鉴于国家财政好转，从康熙五十年（1711年）起，将全国各省分为

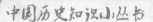

三批，轮流蠲免，一年免数省，三年各免一次。改进赋税征收办法，制作三联印票，让交纳者亲自交纳，以防止官吏们中饱。

调整工商政策，鼓励发展工商。在手工业方面所实行的主要政策和措施有：废除匠籍制度。明代手工业者一律编入匠籍，称为匠户，隶属于官府，世代相袭，实行轮班或住坐为国家服役。这种匠籍制度限制了工匠独立自主的经营。顺治二年（1645年）五月，清政府宣布废除这一制度，各省俱将匠籍改为民籍。放宽经营限制，允许手工业者自由经营。康熙即位后，纺织业取消机户"不得逾百张"织机的规定，让有实力的人家自由发展生产，扩大经营。减轻税收征额。康熙十九年（1680年），取消陶瓷业遗留下来的各处"当官科派"的规定，凡土匠物料，俱按工给值，悉照市价采买。四川开凿井盐，比照开荒则例，三年以后起科。康熙二十一年（1682年），下令准许商民自行开采云南铜、铅、锡、银、铁矿，实行每十分抽税二分，进而制定奖励办法，开矿商民上税3000—5000两者，酌量给以顶戴。在官营手工业中推行雇募制。江南江宁、杭州、苏州三织造局是由官府经营的纺织业基地。原由三府富户人家充当机户，雇募机匠生产。顺治八年（1651年），革去机户，由各织造局自行购买原料，直接从民间招募工匠，按工给值，采用计时和计件两种办法支付。苏州织造局机匠工价，按时计的有缎纱花机每日工银一钱五分，缎素机每日工银一钱三分五厘，挑花匠每月给工银二两，倒花匠每月给工银五钱等。也有实行按件计付工银的。

鉴于当年各地城镇萧条、商旅废弛，号召商人复业，所有满汉人民，或商或贾，各听其便。顺治二年（1645年）令户部告知满汉官民，一切买卖，"俱从公交易，不许争斗启衅，致误生理"。如遇此等妄行之人，即拿送该部，治以重罪。禁止对商人额外征收。顺治元年（1644年）宣布，将前朝召买粮料诸弊，尽行蠲除，平稳市价，抑制豪强，禁止科派。为了杜绝商税征收中的弊端，康熙五年（1666年），责令直隶各省所设关税之所，缮具税则，刊刻于木榜之上，昭示商民，照额征收。如有不肖官吏于定额之外私行滥收者，依律治罪。康熙四十八年（1709年），又下令户部按照税课定例进行清查，除各地应设牙行照旧设立外，其余凡属地方棍徒于瓜果菜蔬等物亦私立牙行名色，勒肯商民的所有私设牙行，一律除革。不许官员经商与民争利。顺治五年（1648年）下令，禁止诸王府商人及旗下官员家人外省贸易与商民争利。康熙六年（1667年），针对闽、广、江西、湖广等省一些官员，或自置货物，售于属下，或巨舸连樯装载货物进行交易，挟势横行，放债取利等弊，根据左都御史王熙的建议，下令嗣后闽、广等省王公、将军、督抚、提镇，如有恃势贸易与人争利者，严惩不贷。随后，又下令严直省官吏私税市货之禁。度量衡也在统一。顺治十二年（1655年），由国家统一制造铁斛，作为标准量具。直隶及各省皆发一具，令其仿制施行。从康熙四十三年（1704年）至五十八年（1719年）完成了斗、秤的统一，升斗由国家制作新的铁升、铁斛，秤以16两为1斤，斤以核定的标准砝码为依据。

同一时间，清朝还实行了倒行逆施的政策，诸如掠夺与屠杀。从努尔哈赤到皇太极所发动的入关战争都是以掠夺人口、破坏生产为目的的。据不完全统计，四次入关战争中从内地掠夺人口超过百万之多，这些被掠去的人口，无论是沦为奴隶还是农奴，都是任人宰割的对象。而惨绝人寰的屠杀，更是对劳动力的摧残。皇太极在位期间，对明战争，攻克济南后，居民被杀者尸体多达12万具。赵州城破被杀有名籍可查者22500余躯。蓟州克城后，遭到屠城，幸存者寥寥。继之而后的多尔衮等也以征服者的姿态大肆杀戮。江苏扬州在明代，是江南发达的城市，人口在80万人以上。顺治二年（1645年）四月，清兵攻克后，烧杀淫掠10日，幸存者无几。一座具有数百年历史的繁华城市转眼间成为颓垣废墟。经济文化相当发达的嘉定，经过清兵3次屠城的浩劫，僵尸满路，浮骴满河，城内外惨死者2万余人。清兵攻克江阴，城内外有172000余人死于屠刀之下，一个偌大的江阴城，幸免于难者仅有53人。苏州、杭州织造局是明代官营纺织业的重要基地。清初苏州织造局所存仅颓房几间，罄悬零落。杭州织造局停止20余年，机房颓坏无存。作为明代棉织业中心的松江，由于战争的破坏和影响，满目疮痍，积棘载道，商贾不通，城市罢织，民无生业。山西潞安丝织业，明季以来，旧时之机户，大半逃亡，仅存十数家。四川成都蜀锦，燹于兵火，锦坊尽毁，花样无存。井盐生产，承大乱之后，井灶已毁。明代兴旺发达的江西景德镇瓷业，也因战乱而衰微破败，大都歇业。总之，从大江南北，到黄河两岸，素称发达的城镇，到处都是衰微破败的惨相。

剃发。以剃发作为是否投降的标志，是清初推行的又一野蛮政策。男子将顶发四周边缘剃去寸余，中间保留长发，分成三绺编成长辫一条垂于脑后，名曰辫子，这是满洲的习俗。早在与朝鲜作战时的天聪七年（1633年），就将剃发作为归顺的标志。入关后的清统治者，继续强迫汉人服从这一习俗，并把它作为以别顺逆的标志。顺治二年（1645年），清兵下江南前夕，多尔衮下令叫官民皆尽剃发，并且谕令清兵统帅说：各处文武军民等，倘有不从，以军法从事。这一政策的实施使具有汉族民族意识的志士惨遭杀害，因而遭到汉人的强烈反抗。

圈地法。这是满足满洲贵族土地要求实行的一项政策。满族贵族、官吏、满蒙汉八旗官兵随从、奴仆等亦大量涌进北京。这些八旗官兵，个个以胜利者自居，要求得到土地，成为新贵。为了满足这些人的要求，清政府于顺治元年（1644年）二月正式颁布圈地令。按丁授田，将土地分给东来的诸王勋臣和兵丁。圈地的区域，最初限于北京附近300里内的官田和无主荒地。后来逐渐扩大，300里内不足，则远及五百里。乃至山东、山西、河南、陕西、宁夏、四川以及关外辽阳等地。圈地的方式，是由户部派满官到各地会同有司率甲丁等人至村庄，相度田亩，时至康熙五年（1666年），共圈占土地166838顷，各省旗人占地60000顷，两项合计226838顷，约占当时全国耕地面积5395262顷的1/23。其中河北玉田县原额民地5216顷88亩。顺治二年（1645年）以后，圈授旗下屯田，投充勋戚食采，只剩民地617顷51亩，圈地占全县耕地面积88%。雄县民地4400余顷，清初圈占为旗地3516顷，占全县耕地面积的70%。这些被圈占的土地，分配给满族贵族、八旗官兵，由他们建立田庄，使用奴隶和农奴进行生产。

投充法及逃人法。这是为了保证八旗贵族田庄的劳动力所采取的两项措施。投充法允许八旗贵族"收充贫民为役使用",甚至逼使汉人投充,不愿者,即以言语恐吓,威势迫胁,各色工匠,尽行榨索,务令投充。逃人法则是为了惩治投充旗下逃亡者制定的一项法令。顺治,三年(1646年)规定,逃人初逃者鞭一百,刺字,归还本主。三逃者处死。隐匿之人正法,家产籍没。邻右九甲长,各鞭一百,流徙边远地区。据清人李元度《国朝先正事略》所述,"缉逃事例,首严窝隐,一有容留,虽亲如父子,但经隔宿,即照例治罪,使小民父子视若仇雠,一经投止,立时拿解"。因之故,惩治逃人一人,往往牵连数十人鞭黜籍没。清初圈地政策以及投法和逃人法的制定,集中地反映了满族贵族的野蛮性与落后性。这一政策的实施,激起了所在地区农民的强烈反抗,也激化了清朝统治集团内部满汉官僚地主之间的矛盾。为此,康熙八年(1669年)六月,清政府决定废除圈地令,宣布"自后圈占民间房地,永行停止。其今年所已圈者,悉令给还"。康熙二十四年(1685年)再次重申,民间开垦田地,自后永不许圈占。

迁海。这是在东南沿海地区实行的一项政策。清初江南地区的反清势力遭到挫败后,移居台湾等地,为了防止内外反清势力的勾结,清政府实行了海禁及迁海政策。迁海是将山东、江苏、浙江、福建、广东沿海居民向内地迁移。顺治十八年(1661年),正式颁布迁海令。在北起北直,南至福建、广东沿海5省"立界移民",分别内迁30里或50里,限日迁入。逾期者,以军法从事。被迁村落的房舍,全部焚毁。所迁居民,敢有出界者杀无赦。"地方官知情者罪如之。其失于觉察者,坐罪有差"。这种以暴力手段的迁海,使五省被迁居民大批破产流亡,老弱死于沟壑,少壮流离于四方,仅广东八郡之民死者以数十万计;同时导致沿海五省土地大面积荒废无耕。康熙十二年(1673年),福建总督范承镆奏称:"自迁界以来,民田废弃二万余顷,亏减正供约计二十余万之多。"界外的集市、村落也因此而全部被毁。

海禁。就是禁止人们出海，是防止国内与海外人勾结的一项政策。顺治十二年（1655年），清政府严禁沿海省份船只入海，违者置以重典。同时规定海船除给有执照许令出洋外，若官民人等擅造两桅以上大船，将违禁货物出洋贩往蕃国的，一律交刑部治罪。第二年六月，又令："自今以后，各该督抚著申饬沿海一带文武各官，严禁商民船只私自出海，有将一切粮食货物等项，与逆贼贸易者，或地方官察出，或被人告发，即将贸易之人，不论官民，俱行奏闻正法，货物入官。"又定：凡沿海地方大小贼船可容湾泊、登岸口子，各该督抚镇俱严饬防守各官，相度形势，设法拦阻，或筑土坝，或竖木栅，处处严防，"不许片帆入口，一贼登岸"。康熙十一年（1672年），又严令凡官员兵民私自出海贸易者，皆拿问治罪。诚然，海禁与迁海主要是为对付海上反清势力采取的措施，但这种海禁同时也限制了东南沿海地区的海外贸易。纵观顺治、康熙年间，中国与日本及西方国家朝贡贸易虽然并未因此而中断，然而在此期间，包括朝贡贸易也受到很大的影响。据兵部的奏报，只有康熙二年（1663年）准许荷兰国贸易一次，康熙三年（1664年）准许暹罗国贸易一次，并在康熙五年（1666年），下令"永行停止"。这对东南沿海地区经济的发展是很不利的。此种情形，直到台湾郑克爽回归，全国统一，清政府才下令予以撤销。次年，于澳门、漳州、宁波、云台山设海关四处，几乎中断二十余年的海外贸易方才出现了新的转机。

上述两类政策交替使用，构成了清初的社会环境。生活在此期间的大清子民，大约经历了三代人的努力，用了从顺治到康熙两朝近八十年时间，才使极为衰敝的城乡经济日渐得以恢复。在此期间，边疆地区经济文化有了较大的发展，先前经济文化尚为落后的东北地区，发展尤为明显，但代表中国经济发展水平的中原与东南沿海地区社会经济恢复发展的步子缓慢，很少有起色。就中国经济发展而言，则是只有微弱的发展或是停滞状态。

农业是清代社会经济的基础。耕地面积与农业人口数量是衡量农业状况的两个标志。明代耕地面积和人口，据官方统计，万历六年（1578年）人口为60692858人，天启六年（1626年）田亩为743931900亩，分别为明代最高数字。清朝初期20余年间，田亩和人口增长极为缓慢。有统计材料显示，顺治八年（1651年）的田亩290858461亩，只有天启六年田亩的39%。人口数为10633326，只有万历六年的17%。之后的11年间，田亩增加235604368亩，平均每年增加21422215亩，但顺治十八年（1661年）田亩526502829之数，比天启六年田亩之数仍少217490710亩，只有71%。人口增加8504326人，平均每年增加778120人，顺治十八年人口19137652之数，比万历六年人口之数还少41555206人，只有32%。从康熙元年（1662年）后的10年间田亩与人丁略有增加，田亩平均每年增加1478120亩，人丁平均每年增加20435人。由于三藩之乱爆发，田亩与人丁有所下降。自康熙二十一年（1682年）起，田亩、人丁持续上升，增长速度比较快，截至康熙二十四年（1685年），河南、湖广、四川等省的田亩与明万历六年相比，仍有较大的差距。河南相差169473顷，湖广相差1534858顷，四川相差117556顷。尤其是四川，经明季兵燹之后，地广人稀。清朝勘定后，虽经过数次清查，增补仅及原额十分之一。康熙六十一年（1722年），成都府所属31州县，只有人丁35416之数，仅为明季原额人丁之39%。农业中桑、麻、棉花、甘蔗、蓝靛、烟草等经济作物种植虽然在恢复，种植面积也在增长，从总的来看，增幅有限。农作物单位面积的产量受生产工具、生产技术的制约，未能有明显的突破。

手工业的状况也是同样。在清初近80年，工具和技术上并无明显突破。松江棉布，据清初叶梦珠在其《阅世编》述称：前朝标布盛行，富商臣贾操重资而来市者，白银动以数万计，多或数十万两，少亦以万计。至本朝而标客巨商罕至。近来多者挟不过万金，少者或两三千金。华北与江南城镇的商业贸易，以及城乡集市、庙会也日渐恢复，至康熙二十年（1681年）以后，日趋繁荣。昔日商业繁荣昌盛的扬州遭到清兵屠城洗劫成为废墟，经过三代人的努力经营，到乾隆年间，才成为人口不下数十万的商业城市。东南沿海地区海外贸易也由于海禁与迁海政策的实施而受到严重影响。据王沄在其《漫游纪略》中所述：闽中巨室，皆擅海舶之利。西至欧罗巴，东至日本岛、吕送（宋），每一舶至，则钱货充牣。"先朝禁通日本，然东之利倍蓰于西。海舶出海时，先向西洋。行行既远，乃复折而入东洋。嗜利走死，习以为常。以是富甲天下，自海禁严而闽贫矣微矣。"江西景德镇的瓷器，在明代居国内首位。清初顺治间，质劣价高，"瓷器之丑，较甚于昔，而价逾十倍"。康熙十三年（1674年）又遭战火洗劫，"大定之后，烧造无从"。矿业的恢复亦时起时伏，其开发利用，也同样处于缓慢恢复发展之中。这与明初社会经济恢复状况相比，其速度之缓慢，是显而易见的。

生产力状况如何，是社会发展快慢的基本标志。而标志生产力状况的则是社会经济状况。对于清朝入关的评价，既要将它放在中国范围内进行考察，同时又将它放在世界范围内进行考察，那么得出的结论将会少一些片面性，对于它的功过是非的判断也将会客观些。

若是就中国论清初，与先前相比，为战争破坏的社会经济是在恢复发展之中，社会生产力在提高，技术在进步，有些新的因素在增长，这是人所共识的。就其恢复的速度而言，先前明初用了26年时间。洪武二十六年（1393年），全国官民田总额为8507623顷，比北宋真宗末年全国田亩5240000余顷超3260000余顷；全国户16052860、口60545812，比元代极盛时户11633281、口53654337增加5419580户、6891494口。而清初历时80年，经过三代人的努力，还没有达到历史上最高的水平。究其原因：一是清初社会经济所遭到的破坏地区广、涉及面广，比之明初，无论广度和深度都要严重得多，也就是说，清初的经济恢复比明初起点更低。二是清朝入关后，到收复台湾，其间40余年，战争仍在继续进行。战争不仅消耗了大量的人力、物力和财力，而且战火所及之地，往往将城乡化为废墟，人民死亡散流，不堪言状；同时还转移了执政者的注意力，使其不能也不可能把全部精力用于恢复发展经济工作上来。三是政策上的局限与失误。自汉代以降，历代封建王朝都把重农抑商作为自己的经济方针。清初执政者也不例外，虽然时代的发展，使他们看到工商业者的地位与作用，注意保护工商业者的正当经营，不许额外索取，但对如何发展工商业则缺乏必要的支持与鼓励措施，对于如何培养、造就科技人才缺乏实际有效措施；重农的基本做法是鼓励垦荒，保护土地所有权，虽然一再申令减免赋税，取消三饷加派，但摇摆性大，往往口惠而实不至。圈地、投充及逃人法的推行，使华北农业在遭到严重破坏的基础上再遭破坏，落后的农奴制的再现，是生产关系的倒退，也是对农业的种种破坏；海禁与迁海政策的强制实施，非但导致东南沿海地区被迁居民既苦糊口无资，又苦栖身无处，也中断了东南沿海地区与海外的贸易往来，严重地破坏了商品货币经济的发展。清初执政者在政策上的这种局限与失误，来源于以满洲贵族为核心的大清国领导集团的素质，而满洲贵族处于文明较低的水平则是其中最为重要的因素。尽管他们为实现大清国的一统天下作出了巨大的贡献，他们在夺取政权之后无时无刻不在努力学习吸收先进的汉族文化，采纳汉人的建议，调整政策，以适应新的需要。这只是事情的一个方面。另一方面，则是满族多少年来形成的生产方式、生活方式和习俗还对他们有着深刻的影响，甚至支配着他们的行动。正是这一点，在他们执政之后的一段时间里，不但不能引导人们学习先进，借鉴新的创造发明，使经济文化在明朝的基础上继续前进，反而由于他们的传统习惯和认识上的错位，连保持明朝已有的水平也难做到了。掠人为奴、圈地、逃人法等政策的实施，使早已废止的农奴制重新得到复活，并且受到大清国的提倡与保护。这不是无端的指责，而是真实的历史。这样就使饱经风霜的大清国的子民们用了近80年的时间才步履维艰地恢复了被战争破坏的社会经济。而在这近80年间，中国的科学技术很难说有什么起色。这不能不说是极为沉重的代价。

若是就世界论清初，那就会更加客观、更加清楚。中国是世界四大文明古国之一，直到明代，中华文明在许多方面仍居于世界领先地位，是东南亚国家仰慕的文化强国。尽管明代在科学技术上的成就较前已有所逊色，但应用科学技术在中国的凸现，仍是举世瞩目。有的研究成果告诉人们，16世纪中国与

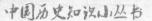
欧洲各国生产力发展大致处于一个水平线上。自1644年甲申之变，清朝入关夺取全国政权起，中国社会与西欧各国走上了截然不同的道路。1640年英国资产阶级革命开始后的二百多年间，资本主义生产方式使欧洲社会获得了突飞猛进的发展，特别是伴随着工业革命的兴起，生产力与科学技术获得了前所未有的进步，并跃居于世界领先地位。一百年间所创造的生产力超过了过去一切世纪创造的全部生产力的总和。近代工业、近代科技以其辉煌展现在世人面前。而在中国大地上，明代发展起来的商品经济与资本主义萌芽，遭遇到来自北方落后民族的洗劫和摧残。虽然满族入主中原，十分注意对中国的经营，并表现出少有的天才，经过三代人八十多年的努力，医治了战争创伤，经济文化获得了复苏和某些发展，但终究没有摆脱传统的封建模式，没有形成向资本主义社会转型的强大洪流。在大清国统治下的百余年，生产没有大的进步，科学技术没有大的进步，武器没有大的进步，几乎跟明朝处于同一水平，甚至一些在明朝已成形的科学思想，成形的哲学思想，都在清朝停顿下来甚至于被毁灭。仅以武器为例，1840年鸦片战争的炮声，使中国人第一次看到洋枪洋炮的杀伤力为大刀长矛、火炮所不及，才知道率先将火药应用于军事的中国，在武器方面落到了西方国家的后边。如果说在明代西方在科学技术上已崭露头角，在天文、物理与医学上实有过人之处，那么在这百余年间，西方世界人们用自己的智慧和努力开创了人类历史的新纪元，他们在科技上与生产领域取得的成就，打破了原有科学技术的格局，使得西方科学技术脱颖而出，跃居于世界的前列。

观察历史上汉人统治的中国，总是一朝比一朝进步，总是一朝比一朝发展，中华文明在世界上的先进地位没有改变。而甲申之变之后的百年间，世界局势出现了前所未有的变化，欧洲的生产力迅猛发展，在大清国统治下的中国人，在生产领域和科学技术上所取得的成果换取的则是中国在世界上由先进向落后的历史转变。

在中国社会发展史上，甲申之变是具有特殊性的二次政治变革。这一变革的发动者，是贫民领袖、大顺国王李自成，他胜利完成了推翻大明王朝的历史任务，但未能担负起建立新国家的重任。从三月十九日到五月一日42天，北京三易其主，三易国号，由大明崇祯，到大顺永昌，再到大清顺治，最终是清朝完成了国家的统一，实现明清易代的转变，中国出现了重大的社会变革。将甲申之变放在中国历史发展长河中进行考察，这一惊天动地的巨变，则是明清易代演出的一个场面。